アニメの詩人ノルシュテイン

児島宏子

TOYO SHOTEN SHINSHA

アニメの詩人　ノルシュテイン

目次

ヒロコと私

ユーリー・ノルシュテイン

ヒロコと知り合い、友人になってから30年近くになる。

出会いは最初から今に至るまで、笑いに満ちている。1万キロの向こうから、私がさして大きくない手提げ一つで日本にやって来た時、ヒロコはびっくりしていた。彼女は大笑いしながら言った。「まるでモスクワ郊外の路線バスから飄然《ひょうぜん》と降りたみたいだったわ」。一方、私は周囲にうごめく背広姿にネクタイの窮屈そうな日本の男たちを非常に気の毒に思った。「どうして、皆が皆、あなんだろう」と言うと、彼女は「あら、皆ではないわよ」と微笑《ほほえ》んだ。その日の夕方に客として招かれてヒロコ宅を訪れ、私はそこで『皆ではない』ということを確信した。ヒロコの連れ合い、こうせいさんも、彼の友人たちも、アート系で、企業家の手による装いからまったく解放されて自由気ままだった。

1993年から、私は訪日するたびに（その数は20回以上）ヒロコのいとも妙なる通訳にたちまち眩惑《げんわく》させられた。学生たちのワークショップ等で費やしたのは700時間以上にのぼる。彼女はどうやら生まれつきの当意即妙さで、私がチャストゥーシカ（ロシアの俗謡）を歌うたびに、その歌詞からスラングを自らの辞書に追加した。私が、うつろな目をしたロシアのある官僚について話すと、彼女はすぐさま応じた、「そんなお方は大太鼓で目を覚まさせなきゃ」と。これは、スラングをすぐ理解した証しだ。ヒロコは、彼女にとって外国語であるロシア語俗語のイントネーションをすぐモノにする。

それだけではない。芸術関係の諸問題を並々ならず知っているので、様々なジャンルの例を会話にはさみ込みながら、私が監督術について学生たちに話すのがとても楽になるのだ。ロシア語の単語переживаниеの意味を説明する彼女が思い出される。日本語との対位法で、その意味に近づきつつ説明した。それ以降はこのロシア語を訳さず、追加の説明もなく、そのままпереживание・ペレジヴァーニエと使って通訳し、聞く方も納得していた。

ヒロコは音楽にもくわしいので、人々との出会いを私はメロディで始めることもあり、彼女はすぐ唱和して、二人の歌にホール全体も参加したりするのだ（概して日本人は、音楽に長《た》けていて、いつもロシア音楽やロシア歌謡への愛を感じているようだ。これは日本文化の特別な一面だと思う）。

それと私が気に入っているのは、私がロシア語訳の芭蕉、蕪村、一茶などの句を引用すると、すぐさまヒロコの発声する原句のリズムが聞こえてくることだ。

最初の出会いから今日までの道程は様々だ。猪口《ちょく》で酒を酌み交わすこともあり、地酒ツイカ（ルーマニアの民俗に傾斜して国内外で写真集を出すこうせいがいつも運んでくる、二度蒸留のプラム酒）を一気に飲み干すこともある。その折の会話は、テーブルを囲んでいたり、芭蕉がたどった道を歩いているときだったり、友人たちと一緒だったりする。友人のなかには、もう現実ではなく、ただ心と想像で互いに抱擁し握手することになった人たちもいる。私たちと一緒にいないのは、チローこと川本喜八郎さん、高畑勲さん、巨大で、笑みの内に哀愁を帯びた片山雅博さん、魅力に富んでみやびな岸田今日子さん。

だが私たちは生きている。私たちと一緒にみんなも生きている。

ありがとう、親愛なるヒロコ！　他ならぬあなたが、長い「花づな列島(festoon islands)」の人々との交流と友情を楽しませてくれたのです。政治的な問題も私たちを引き離すことはできなかったのです。まさに、その反対でした。私たちには常に互いに満たし合うものがあったのです。芸術・文化が私たちの仲立ちであり、私たちを自由にはばたかせてくれるのです。笑いと知識によって、私たちは日常の中空をはるか飛翔するのです。でも「習慣と環境」(プーシキン)も私たちに真実を明かしてくれるのです。ありがとう！　あなたと、こうせいさんと、文化、芸術を愛するすべての人々に感謝を捧げます。

日本を心から愛し尊敬するユーリー・ノルシュテインより

（みやこうせい訳）

アニメの詩人　ノルシュテイン

第1章　ノルシュテインとの出会い

ノルシュテインと初めて会ったのは1993年の10月だった。

当時、映画評論家の山田和夫氏をチューターに、ロシアの映画監督セルゲイ・エイゼンシュテイン[1]をテーマとする研究会が始められていた。そうした気運の中で、映画言語のイロハを作った先駆者の一人であるエイゼンシュテインの生誕95周年を迎えることになった。また、それにちなんで東京で「エイゼンシュテイン国際シンポジウム」が開催されることが決まった。

活動の中心をつとめる山田和夫氏は、東京大学在学中に映画研究会に参加し、後にセゾングループの代表となる実業家で詩人、作家の堤清二氏と懇意にしていた。堤氏はシンポジウム開催に賛同し、セゾン財団が資金援助を惜しまず、フランス、イギリス、アメリカ、ロシアから専門家が一堂に集うことになった。

準備を進める中で参加者の一人、ロシア国立映画博物館館長でエイゼンシュテイン研究の第一人者でもあるナウム・クレイマン氏が山田氏に呟《つぶや》いた。「研究者ばかりで実作者がいませんね……」。「それはまずいな、どうしよう」と山田氏。するとクレイマン氏が「ノルシュテインというアニメーションの監督がいて、エイゼンシュテイン6巻全集を読みこなし、自称エイゼンシュテインの弟子だと言っているが、彼などどうだろう？」と問いかけた。山田氏は「それはいい案だ。ぜひ彼に頼んでくれ」と喜んだ。

当時すでに書籍『話の話』が、アニメーション監督、フランス語翻訳者であり著作も多い高畑勲氏の解説で刊行されており（1984年）、ノルシュテインの作品が映画関係者の間で話題にもなっていた。ノルシュテインのシンポジウム参加は時を経ず決まった。

クレイマンは同じ年にさっぽろ北方圏映画祭に招待されて一足先に来日し、開催地の札幌に赴き滞在していた。その通訳をつとめた私は一足先に東京に戻った。ノルシュテインは10月14日に到着し、私ひとりが成田空港で彼を出迎えることになった（この時、彼は二度目の来日だった。初来日は1987年、広島国際アニメーションフェスティバルの審査員として招かれた折）。細

1　1898-1948。《戦艦ポチョムキン》、《イワン雷帝》などの監督で、モンタージュ理論で知られる著名な理論家でもある。

身で、黒い大きなズックの袋を一つ持って、すでに写真で見知っているその人がふらりと現れた。ロシア風に名前と父称（父親の名前から派生した名称）で私は精一杯叫んだ。

「ユーリー・ボリーソヴィチ?!」

「ダー！（そうだ）」

と明るいバリトンが響き、顔いっぱいに穏やかな微笑みが浮んだ。「お荷物は？」と尋ねると「これ！」と軽そうに袋を揺らす。おや、まるでモスクワの市場に買い物に出かけるようではないか?! 茶色いコーデュロイのシャツ風な上着、変哲もない黒いズボンといういでたち。ああ、「10時間は時間ではない、10キロは距離ではない」というロシアのことわざのごとく、日本までの距離は「海外」という感覚ではないのかもしれないと思いつつ、彼を東京へ案内した。

ホテルでチェックインするや否や、すぐにワークショップ（研究者や映画大学の教授で構成される国際代表者の中で、唯一の実作者である彼に関しては、シンポジウム終了後に、日本で初めてのワークショップが企画されていた）で使う資料などを見てほしいという。

彼は、狭い部屋のベッドの上に、例の黒い袋からそっといとおしげに取り出した切絵アニメの素材などを並べていく。一つ一つを手に取って説明に余念がない。何と袋の中には、資料だけが入っていたのだ。私は、このお方は着の身着のままで来日したのかと、微かな心配にとらわれた。海外で、たった一組の下着を洗濯し濡れたまま着て体温で乾かす民俗学者もいると耳にしていたが……。初対面でそんなことを尋ねるわけにもいかない。

点検と説明が終わると、ユーラ（本人が名前で呼んでくれと言うので。ユーリーの愛称がユーラである）は、そんな私の心配をよそに、「東京訪問は実際初めてに等しいので、この辺りを散歩したい。あなたは帰宅でもされて、お休みになるといい」とのたまう。到着早々一人で散歩となると、私はちょっと心配になり、とっさに「この飯田橋辺りはとりわけて特徴のないところです（失礼！）……、あっ、そうだ、日本正教会のニコライ堂があります。そこからお散歩を始めましょう。ロシア風に言うと、すぐそこですからね。私も帰宅するのに好都合な通り道ですし」

私たちはのんびり歩き、四方山《よもやま》話に花を咲かせながらニコライ堂に到着した。しかし建物は修復中で、シートに覆われ何も見えなかった。そのすぐ近くに中央線御茶ノ水駅がある。木曜日なので快速電車も走っている。

「ここから電車一本で拙宅まで行けますが、いらっしゃいませんか？」と思いつくままに言うと、「行こう、行こう、私は、こういう即興が大好きでね……」と、いかにも善良そうな笑顔になる。

　家に着くと母が出迎え、連れ合いのみやこうせいは郵便局に行ったという。母は、「あら、ロシアのお爺《じい》ちゃん、こんにちは！」という。「お母さん、お爺ちゃんだなんて、あなたの息子ぐらいなのよ」と私はたしなめる。ユーラは「ヒロコ、お母さんと何を話しているの？お母さんの名前は？」と好奇心でいっぱいの笑顔で尋ねる。この方の前では嘘とかごまかしはダメだ、見破られる、と感じて、私は正直に訳した。彼は大笑いし、それが止まらないまま「私はずっと若いころから〝爺さん〟と呼ばれているのだよ。セノコさんの直感力は鋭いぞ！」とほめたたえる。母はまんざらでもなさそうだ。

　そこへパートナーが戻ってきて、ノルシュテインにビックリ仰天し、大はしゃぎ。「えっ！本当?!　夢じゃないのかな？　本物のノルシュテイン？」と矢継ぎ早に叫ぶ。ユーラは大笑いして、「何なら、つねってみては」と袖をまくって太い腕を差し出す。まずはお茶をどうぞと母が勧める。お茶を飲んでいる間、みやこうせいは友人たちに電話をかけまくっている。「奇跡が起こった！　今、家に来ないなら、君は人間じゃない！」などと叫んでいる。

　まっさきに絵本作家、いやマルチ芸術家のスズキ・コージさんが駆けつけた。絵本作りの片山健さん、アーチストの南椌椌さん（彼が吉祥寺で経営していたカフェ・レストラン「クウクウ」にノルシュテインはぞっこん惚れ込んだ）、他に野次馬気分で見知らぬ人もやって来た。

すっかりいい気分のコージさんがユーラにおねだりする。

「パイオニアのレーザーディスクで作品を見ましたよ！　凄い！」

ユーラは哄笑《こうしょう》している。

「日本語吹き替えを聞きましたが、コグマくんがハリネズミを呼ぶところをロシア語でやってほしいなあ……」

ユーラは、ふ、ふと笑って、両手をラッパのように口に当てる。皆が見守る中、

「ヨージーック！（ハーリーネーズミくーん！）」

ときれいなバリトンが響き渡る。皆には耳を澄ますようジェスチャーで促す。

「呼び声のこだまが消える瞬間に、樫の樹の葉っぱがふわふわと着地する」

と言いながら、それもジェスチャーで示す。一同がふーっとため息をつく。

「吹き替えでは、葉っぱが落ちても、『ハリネズミくん！』のひびきが続いている……」

とコージさん。

「それはダメだ！　映像の中でも音が果たす役割は大きい。トーキーになって久しいのに

……。日本語吹き替えの演出に来るべきだったな！」

と顔を真っ赤にして悔しがる。

私は、日本語の標準語には純粋な子音がなく、音が長引く等と言い訳をし、慰めるつもりなのだが、誰も聞いてくれなかった。誰もがユーラのコグマくんの呼び声に浸りきっており、幸せな気分に満たされていたのだ。


出会って数時間で、私は、ノルシュテインがアニメの監督とアニメーターであるばかりか、詩人であり、音楽家であり、純真さを保ち続ける少年のような人であり、栄えある偉大な奇人変人の一人であると確信した。「奇人変人（チュダーク）が世界を飾る」――このドストエフスキーの言葉のように。

第２章　生い立ちと人生

誕生――戦火の中で

ユーリー・ノルシュテインは１９４１年9月15日、疎開先のペンザ州（ロシア中西部）ゴロヴニーシチェンスキー地区のアンドレーフカ村でノルシュテイン家の次男として生まれた。長兄は2歳年上のグリゴリー、愛称はゴーリックとロシア人名事典にあるが、実際にはガーリックと呼ばれている。ロシア語では「オ」と「ア」の発音の区別があいまいなためかもしれないが。

１９４１年6月22日にナチス・ドイツがソ連邦ベラルーシ共和国に侵攻し、続いてウクライナ共和国、ロシア共和国へ次々と攻め入り、12月にはモスクワ近郊でソ連軍の反撃が開始された。その前にモスクワでも疎開が始まっていた。１９４２年7月から翌１９４３年2月にかけてドイツ軍はソ連軍とスターリングラード（現ヴォルゴグラード、広島と姉妹都市）において激烈な攻防戦を展開した。世界中の平和を希求する人々が、その戦況を見守った。両軍とも多数の戦死者を出し、勝敗の判定は難しかったが、この戦闘を機にドイツ軍の勢力は下り坂をたどっていく。

それでも1941年の9月以来、レニングラード（現サンクトペテルブルグ）は、ドイツ軍に包囲、封鎖、爆撃され、水、電力、食糧等の補給路を奪われ、90万人近い市民が餓死するという無残な悲劇に襲われた。ソ連のアンネ・フランクと言われるターニャも封鎖による飢餓がもとで亡くなっている。ラドガ湖が凍った折にレールが引かれ真っ先に老人と子どもたちが列車で疎開させられ、ターニャも運ばれたが、長い飢えに諸器官が極度に衰弱し間もなく息絶えた。想像を絶する英雄的な行為や悲劇に満ちた封鎖は、900日間続いた。封鎖の後半にはソ連軍による空からの食糧投下などが始まっていた。

1943年8月ソ連の政府機関はモスクワに戻り、10月には米・英・ソの外相会議が開催される。

両親と兄

そのようにナチス・ドイツの敗退が見えてきたからか、ノルシュテインの一家も43年にモスクワに戻る。母親のバーシャは就学前児童施設——託児所、保育園（幼稚園と一元化）、駅構内の「親子の部屋」などで、生涯働いた。父親のベルコは木材加工器械の整備工だったが、ノルシュテインが14歳の時に病死した。

ユーラは、一人の人間としての父親を十分に知り理解するチャンスを失ったと残念に思っている。しかし父親については人伝てに、さまざまなことを聞いているという。父親はユニークな個性の持ち主で、絶対音感を持ち、一度記憶した音楽は決して忘れなかったそうだ。口笛でワーグナーやシューベルトの曲をよく吹いていた。いかなる高等教育も受けていなかったが、高等数学をよく知っていた。

兄のガーリックは父親の資質を受け継いでいるようだ。音楽を学び、ヴァイオリニストとしてスタートしたが、後に楽器・ヴァイオリンの修復者となって現在に到っている。ユーリー・ノルシュテイン・スタジオ《アルテリ》があるマンションの一フラットに住んでいるので、誕生日をふくめて時折お互いに訪問し合っている。兄弟は大変似ているが、二人が並ぶと何だかきわめて異なって見えるのは不思議なことだ。

ガーリックの息子はヴァイオリニスト。彼がまだ音楽院の学生だった頃、ユーラのスタジオが休みのおりに長い時間練習していた。練習が終わると、みんな一緒に食卓に向かった。ユーラのところでは、一緒に食べて飲み、歓談し、歌ったりすることが、何かとても大事で、至福のひとときとなっている。そんなときユーラは、とっておきの小話＝アネクドートを披露したり、歌ったり、彼の人生で現実に起きたユーモアに満ちた話を次々に披露して、テーブルを囲む人々を楽しませてくれる。

幼年期の記憶

ところで、ユーラの一家が20年以上暮らしたのが、モスクワ郊外のマリーナ・ローシャにある二階建て木造の集合住宅だ。

子どもの頃、ユダヤ人という理由でいじめられることもあった。ある冬の日、子ども達は雪合戦をして遊んでいた。雪の玉が、近くを通りかかった男に当たった。男は酔っ払っていて、こけつまろびつ子どもらを追いかけはじめた。ことにユーラが狙われた。彼が投げた雪玉ではなかったのだが、なぜか男はユーラを、集合住宅の中まで追ってきて、家の中に入り込んだ……。そのときの恐怖を、彼は今でもよく覚えているという。

保育士の母親は、高等教育を受けず、特別な能力があるわけではなかったが、ユーラが語るには、料理が得意で、二人の子どもを人生の荒波から守ってくれたことを、兄弟は感謝しているんだよ、という。

マリーナ・ローシャでは、子ども達は暗くなるまで原っぱで遊んでいた。「ユーリック！ガーリック！　帰っておいで！」という母親の声が、黄昏《たそがれ》の大気をふるわせ響き渡る。それは夕食の合図でもある。その呼び声は、今でもユーラにとって妙なる音楽なのだ。少年たちは、夕焼け空の下、ときに大声を張り上げ、子守唄を歌いながら、各々の家へと散って行く……。それは後に《話の話》の中で歌われる子守唄なのだ……。

画家の夢

２０１９年10月現在、ロシアの義務教育は11年間だが、ユーラの子ども時代は10年間だった。現在と変わらないのは、義務教育の授業は15時には終わり、その後で音楽や美術などの特殊教育を受けることができたことだ。しかし、誰でもというわけにはいかず、テストが行われ、才能があるかどうかが審査された。ユーラは義務教育学校の授業が終わると美術学校に通った。そのような特殊学校は18時に授業が終わる。

ユーラの夢は画家になることだった。母親は、幼い兄弟二人に音楽を習わせようと音楽家の所に連れて行った。先生はユーラの才能に目を見張った。「この子にはどうしても教えたい」とその先生は断言したという。ところが、幼いユーラは「ボクはかくの、かきたいの！」と叫んで逃げ回ったそうだ。つまり絵を描きたいと訴えたのだ。そんなわけで兄だけ音楽を習うことになったとか。

美術学校では、未来のアニメーション監督エドゥアルド・ナザーロフ[2]、美術家のナザルーク[3]と同級生だった。

後に妻となるフランチェスカ・ヤールブソワは下級生だったが、そのことをユーラはまったく記憶していなかった。

「上級生の男の子が自分の絵を気に入らなくて、またゴミ箱に捨てたのだよ、と先生が言うので、授業が終わるのを今か今かと待ちわびて、皆でゴミ箱に走って行ったの。私たちは、捨てられた絵が、そうされるべきものかどうか、いつも点検していたのよ、だから私はユーラを知っていたの……」

と彼女はいたずらっぽくユーラに目を移し笑っていた。ユーラはきまり悪げに首をすくめた……まるでハリネズミくんのように。

繰り返すが、彼はかなり幼い頃から、なぜか画家になりたかったのだ。その夢を実現すべく一生懸命準備するのに、美大の入試に受かっていない。さらに受験したが、受からなかったので、家具コンビナートで働き始めた。そのうち一発で釘を打つ名人になり、職場で、特に先輩職人の人気者になった。

アニメの世界へ――ソユーズムリトフィルム時代

１９５９年、友人に勧められ、面白半分で一緒にソユーズムリトフィルム（ソ連邦動画撮影所）の試験を受け、採用となった。ちょっとした腰かけのつもりでいた。義務として１９５９年から撮影所付属の美術家・アニメーターのための2年コースで学んだあと、１９６１年から同撮影所で働き始めた。

2　１９４１-２０１６。《牡イヌが住んでいました》他。／3　絵本『金の魚』、『金の鶏』の挿絵作家。いずれもプーシキン著、ノルシュテインのロシア語朗読、岸田今日子の日本語朗読ＣＤ付きで未知谷より刊行。

スタジオで勤務している間にも、またもや美大入学への挑戦が失敗に終わっている。まるで「運命そのものが、わが人生の場所を指し示したかのようだった」、さらに、「はじめいやいや籍を置いていたが、撮影所で多くの素晴らしい先輩監督達、ツェハノフスキー[4]、イワノフ＝ワノー[5]、アタマーノフ[6]、ヒトルーク[7]、ジョーシキン[8]、カチャーノフ[9]その他に出会うことができたのは、幸運の極みだった」とユーラは語っている。その他に、ユーラが教えを受けた先輩に、シュワルツマンがいる（まだ健在で、２０２０年８月に１００歳になる）。アニメーション《雪の女王》でキャラクターの美術監督を務めた。よく知られていることだが、宮崎駿さんはこの《雪の女王》を見て、アニメーションでも長編が制作できると納得するばかりか、登場する「盗賊の娘」のキャラクターにほれ込んだという。宮崎さんがご自分の少女キャラクターを創造していくきっかけになったと言われている。創造の世界には国境はなく、芸術家たちは互いに共鳴しあっているのだ。シュワルツマンは《ミトン》や《チェブラーシカ》の美術監督としても知られている。

それでも夢を実現できなかった失意の日々は続く。それほどまでに彼は美術を尊び愛していたし、それは現在に至っても変わらない。

そんな折、当時刊行された『エイゼンシュテイン６巻選集』を先輩に勧められ読み始める。

その中で監督術の理論に夢中になる。この選集を、ユーラは「わたしの映画大学」と名づけているほどだ。この選集によって監督術を学び、映画芸術に興味を持ち始めたのだ。

後に、ソ連邦映画省（ゴスキノ）映画委員会付属の脚本家・監督高等コース[10]で１９７６年から96年まで教鞭をとった。その時の教え子の中から、アレクサンドル・ペトロフ[11]を筆頭に、アニメーター、ワレンチン・オリシヴァング[12]、アニメーター、美術監督も務めるミハイル・アルダーシン[13]、ミハイル・トゥメーリャなど、優れた監督たちを輩出している。こうしたノルシュテインの講義録は『草上の雪』（モスクワ国立映画大学、２００５年）として刊行されている。そこには、日本で行ったワークショップでの講義も一部掲載されている。

話がそれるが、後進の指導も、彼のなした大きな仕事であることを思い知る出来事があっ

4　１８８９-１９６５。とくに美術分野で活躍。《電話》、《カシタンカ》、《野の白鳥》。／**5**　１９００-１９８７。《イワンと仔馬》、《森は生きている》。／**6**　１９０５-１９８１。《雪の女王》。／**7**　１９１７-２０１２。《ライオンと牡牛》。／**8**　１９１４-１９９２。《英雄にあいさつを》、《ゾウとアリ》（日本では未公開）。／**9**　１９２１-１９９３。《ミトン》、《チェブラーシカ》。／**10**　他学科の大学卒業生のための特別コースで二年間。三年目には授業はなく、受講生は一年を期限に卒業制作に携わる。／**11**　１９５７-。《牡牛》、《おかしな男の夢》、《春のめざめ》、《老人と海》（アカデミー短編アニメ賞）。／**12**　１９６１-。《ピンク・ドール》（広島国際アニメーションフェスティバル優秀賞）、《ザリガニ物語》。／**13**　１９５８-。《クリスマス》、《不死の国》。

た。２０２０年２月に第７回グリーンイメージ国際環境映像祭が東京日比谷で開催された。ロシアの監督が参加するというので、私に通訳の依頼があった。当日、ご本人に会って驚いた。まるで大学生のような、さわやかな感じの女性。アリーナ・ナターヒナと紹介された。そして、もっと驚いたのは、映画大学でノルシュテインの弟子オリシヴァングに教えを受けたという。作品は《オオカミの群れ》。モノクロームの、まるで墨絵を思わせる、オオカミの一家と一人の猟師のお話だ。オオカミたちと猟師が距離を置いて向かい合う瞬間、思いがけず涙がにじんだ。アリーナは、私が彼女の先生をよく知っているというのでとても嬉しそうだった。ノルシュテインの孫弟子を目にするとは夢にも思わなかった……。

　ノルシュテインは、ソユーズムリトフィルムでアニメーターとして五十本以上の作品に関わった。その中にはかつてジェネオンやディズニー・ジャパン発売のＤＶＤで日本でも紹介された《ミトン》、《ワニのゲーナとチェブラーシカ》（ロマン・カチャーノフ監督）、《ボニファーツィの休暇》（フョードル・ヒトルーク監督）などがある。また、監督としても活躍した。

　この時期に美術監督のフランチェスカと知り合い、懇意になり結婚にいたる。二人の間には長男ボリス（聖像画家）と長女カーチャ（画家、アニメーションも手掛けた）[14]、さらにこの二人に子どもたちがいる。つまりノルシュテインとフランチェスカには孫が８人いて、夏休みには二人の所にやって来るので、とても賑《にぎ》やかになる。

独立――ノルシュテイン・スタジオの設立

詳しい経緯をユーラは語らないが、１９８６年、ソユーズムリトフィルムは当時取り組んでいた《外套》制作の中止を命じた。[15] ノルシュテインと撮影監督のアレクサンドル・ジュコフスキーは、この作品のために、ディズニースタジオがはじめて開発したと言われるマルチプレーン（撮影台）を改良しつつ作ったが、撮影所首脳部はそれも取り上げ、他の仕事をするグループに引き渡した。

１９８９年、ユーラはソユーズムリトフィルムを辞職し、１９９１年、ロラン・ブィコフ[16]財団の支援で、集合住宅の一角に自分のスタジオを作る。そこで再度マルチプレーンを組み立て、仕事を続ける。後に同財団から独立し、ノルシュテイン・スタジオ《アルテリ》を開

14　日本では未知谷刊行のチェーホフ・コレクションで数冊の挿絵を担当し好評を博している。／15　クレア・キッソン『「話の話」の話』（未知谷）に詳しい調査記述がある。／16　優れた俳優だが、劇映画《転校生レナ》の監督でもある。

設、現在に至る。

このスタジオで、一時コマーシャルの仕事を引き受け取り組んだ。ロシア製糖の依頼で《ロシアの砂糖》四季シリーズで4本（1994-5）を制作した。またはるか昔から現在も続いている国営テレビの番組《お休みなさい、子どもたち》のイントロとエンディングのアニメーションを制作（1998-2000）した。美術監督は教え子の一人オリシヴァングが担当した。

余談だが、三鷹の森ジブリ美術館でノルシュテイン展が開催され、その準備で来日した折に、彼は高畑勲氏と宮崎駿氏、鈴木敏夫氏に、その映像を披露した。お三方はすっかり気に入り、宮崎さんがジブリ美術館で上映しよう、と懇願した。だが、すっかり資本主義化というか、商業主義に変貌したロシアのテレビ局は多額の権利料を提示。ノルシュテインはかんかんに怒り、この案を中止するよう、鈴木敏夫氏とほかの二人に要望した。「ソ連時代も完全な社会主義国とは言えなかったが、それでも、まだ芸術や教育には理解があった。今はひどい！　これではいい人材が育たない、未来が思いやられる、チクショウ！」と憤慨した。しかし幸いなことに、そのイメージ原画10点はジブリ美術館が所蔵している。ジブリ美術館内の図書室に、優れた原画コピーが飾られていた。

テレビ局内でもこのアニメーションは評判になり、イントロとエンディングにはさまれた本体の作品水準よりはるかに高度な出来栄えと絶賛された。そのようなアンバランスのせいか、本体制作者たちの物言いのためか不明だが、ノルシュテイン作品は降ろされることになった。こんな小さな作品にも真剣に向き合い、最後まで創作の可能性を追求するノルシュテインの姿勢は変わらず（結果は輝かしいのだが）、そのために採算がとれないので、その後はテレビやコマーシャルの仕事は引き受けていない。

人形アニメーションの重鎮、川本喜八郎（１９２５-２０１０）が発想し提案した国際的なコラボレーションによる松尾芭蕉の連句アニメーション《冬の日》にノルシュテインも参加した。発句「狂句木枯らしの身は竹斎に似たる哉」（芭蕉）を担当し、素晴らしい作品（２００２-３）となった。

また川本喜八郎が脚本、監督した、折口信夫原作《死者の書》でも、郎女《いらつめ》姫の一場面をノルシュテインがアニメートした。川本さんは「力強く毅然とした姫が登場した」と破顔一笑、ユーラの手を握りしめた。

川本さんとの関係では、ユーラは川本さんとの約束で、《李白》の最後のシーンをアニメートすることになっている。川本さんは亡くなられる前に、脚本、絵コンテ、主人公以外の全ての人形を準備されていたことが最近（２０１９年）明らかになった。それを実現しようという動きがあり、ユーラも喜んで参加すると言明している。

《外套》について

未完の大作、ゴーゴリ原作のアニメーション《外套》は、大幅な休止期間はあるものの１９８１年からとびとびに制作が継続されている。

才谷遼監督のドキュメンタリー《ユーリー・ノルシュテイン《外套》をつくる》が２０１９年、東京で公開され全国を巡回している。その中で才谷監督がユーラを、「《外套》はいつ完成するのですか？　みんなが待っていますよ……」と問い詰めている。

ノルシュテインにとって《外套》の制作は、主人公アカーキー・アカーキエヴィチの人物像の分析、追及、新たな発見の積み重ねであると言って良い。まず、ゴーゴリによる原作『外套』（１８４２）発表以前に、ロシアの詩聖プーシキンの短編「駅長」（１８３１）や史劇『ボリス・ゴドノフ』（１８２５）の聖愚者に、アカーキーの前身があることを発見する。ノルシュテインのアカーキーの肉付けはさらに進み、彼が単に9等官という下級役人であるというだけでなく、その人物像にあらゆる人間が持つ心理や性格が隠されていることを読み解いている。

２０１６年10月、所用でノルシュテイン・スタジオ《アルテリ》を訪ねた。「芸術家の部屋」と名づけられている場所に行くと、大きな作業台に台本らしきものが置いてあった。「見てもいいかしら？」と訊くと「もちろん！　もっと書き込んだらコピーをあげるよ」と言われた。そこには「アカーキーの生きるテーマ」について綿々と書き込まれていた。生きていくうえで、何かに惚れ込むことの重要さ、それが「食べて、眠って、働く」以上のテーマ、意味を生み出していき、より生き生きと暮らしていけるようになるのではないか、といったことだ。私はその内容にまったく共感した。私は長い歳月をかけて、やっと、人は各自唯一無二の存在であることを深く認識できるようになっていたのだ。それで胸が熱くなり、ユーラに「ゴーゴリの文章には感動させられる」と言いつつ、その文章が書かれている箇所を指し示して「ゴーゴリはこんなことも書いていたのですね！」と、声をちょっと張り上げてしまった。ユーラはきまり悪げに笑って「私が書いたのです……」と呟き、さきに綴ったことを語ってくれた。これを知ってから、私は内心の質問――外套はいつ完成するのですか、を、今まで通り胸の奥深くに閉じ込めることにした……。

《外套》についてくわしくは、次章でとりあげることにしたい。

受賞歴

ノルシュテインは国内外から30以上の様々な賞を授与されている。1977年にロンドンのフェスティバルで、《霧の中のハリネズミ》で最優秀賞。79年、《キツネとウサギ》、《アオサギとツル》、《霧の中のハリネズミ》でソ連邦国家賞。84年、アメリカの映画芸術アカデミーと国際アニメーションフィルム協会との共催による国際アンケートで、《話の話》に「あらゆる民族、あらゆる時代における最上のアニメーション」という称号が贈られた。89年に、映画芸術における実作者としての貢献に対してタルコフスキー賞、青少年のためのアニメーション芸術発展への大きな寄与に国際ジャーナリスト連盟からメダルを授与、第15回モントリオール映画技術国際コンクールで《外套》の素材に対し第一位を授与。91年にフランスの芸術文化勲章。95年に文学、芸術の高度な発展への寄与に関してロシアで〈凱旋〉賞。2004年には日本国政府から旭日小綬章勲章を授与された。

現在ノルシュテイン・スタジオでは、美術監督のフランチェスカ、撮影監督のマクシム・グラニク、アニメーターのジュコフスキー夫人ラリーサ、タチヤーナ・ウスヴァイスカヤ、経理担当などの面々が仕事をしている。

第3章　作品について

《25日、最初の日》

1968年、カラー、スタンダード、9分

この作品はチューリンと共同制作であり、彼からノルシュテインに「10月革命について一緒に作らないか」と提案された。画家志望だった彼の脳裏に浮かんだのは、1910～20年代のヨーロッパとロシアのアヴァンギャルド絵画だった。当時、彼は多くの絵画作品を見ていたという。

だから、ぜひ皆さんにも《25日、最初の日》のアニメーションをご覧になってからでも、その前にでも、ロシア・アヴァンギャルドの作品を見ていただきたい。

ロシア・アヴァンギャルドの画集はロシアでも多く刊行されている。1979年には英語版で『10月革命のアート』初版が刊行され、10月革命をテーマにした429点、うち184

点がカラーで掲載されている。表紙の絵はアメリカのジャーナリスト、ジョン・リードが綴ったドキュメンタリー『世界を揺るがした10日間』のロシア語版表紙の絵を使っている。さらに１９８８年には『20～30年代のソビエト芸術』、１９９２年には『知られざるロシア・アヴァンギャルド』、２０１４年には『ロシアポスター選集』が刊行される。２０１４年の画集も重厚で素晴らしい本に仕上がっている。日本では、『ロシア・アヴァンギャルドのデザイン　未来を夢見るアート』（パイインターナショナル、２０１５年）が刊行されている。

同時期をテーマにした映像作品といえば、エイゼンシュテインの作品《十月》がある。モノクロの実写で、サイレントだ。ノルシュテインもこの映像を見ているはずだ。動きのテンポやリズムはこの作品から学んだのではないかと思う。もちろん、多くの点で別物ではあるが。

共同制作とされているが、ノルシュテインによれば、ほとんど自分が発想し手掛けたという。もちろん、チューリンの提案に感謝しつつ。私はこのアニメーションを見て、直ちに絵本にしたいとユーラに提案した。彼は嬉しそうだった……。だが、このいきさつは後回しにして映像を見ていこう。

［ロシア語で〝赤〟、それは美］

まず、真っ赤な柱のような赤い垂直線が次から次へと立ち現れる。ショスタコーヴィチ[17]の曲[18]が流れ出す。この赤い垂直線は、タトリン[19]設計による第三インターナショナル記念碑の設計図の一部なのだ。密やかにラッパが鳴り、にわかに赤旗が翻り、タイトル《25日、最初の日》をきり開く。映像と音楽の見事なコラボレーションだ。

舞台はペトログラード（現サンクトペテルブルグ）。冬宮前広場に立つアレクサンドル塔[20]の天使が斜めに画面を切る。そこから広場にパンする。これは、画家、舞台美術家、彫刻家でもあったアリトマン（１８８９-１９７０）の舞台装置エスキース（イメージ画）を使っている。

垂直に立ち現れる街並みを背景に、詩の一節がティンパニーの音に伴われてスクリーンにちりばめられる。これは、詩人マヤコフスキー（１８９３-１９３０）の叙事詩「ウラジーミル・イリイチ・レーニン」（１９２４）からの引用だ。

マヤコフスキーはこの革命を「私の革命」と言い切った若き詩人、芸術家。のちにレーニンに代わったスターリン体制に失望し、作品「南京虫」、「風呂」で全体主義を批判するが、１９３０年４月14日モスクワの仕事部屋で謎の死を遂げる。日本では小笠原豊樹の旧訳が、

２０１４年より土曜社から『マヤコフスキー叢書』として刊行されている。レーニンの死によるショックを隠さず、不安に満ちて、革命を、レーニンの人柄と業績を、また、ロシアの現状を批判の眼差しで振り返る叙事詩である。今読むと痛切な思いが伝わってくる。

　このフィルムに使用されている一節を引用してみよう。革命のさなかの高揚する気分のみなぎるショスタコーヴィチの小気味よい音楽に合わせて表示されていく。かっこ内はロシア語の語順に合わせた訳だ。すこしでも音楽と原文の対応を感じていただきたい。

Когда я　　わたしが（わたしが）
итожу　　生きてきたこと（総括するとき）
то, что прожил,　　過ぎた日々を（生きてきたことを）

17　１９０６-１９７５。西洋のモダニズムを吸収し、アヴァンギャルドの技法で創作し続けた。スターリン時代、形式主義と批判されるが、常にソビエト音楽界の第一人者であり、20世紀最大の作曲家の一人である。／18　交響曲12番ニ短調『１９１７年』。10月革命をテーマとし、レーニンを追悼し捧げられた4楽章からなる曲。／19　１８８５-１９５３。画家、デザイナー、舞台美術家として多面的な仕事を展開。構成主義の創始者。／20　１８４０年建立。侵略者ナポレオンに勝利した記念塔。戦勝時のアレクサンドル１世の顔を、塔上の天使の顔に仕立てている。

и роюсь в днях — 総括するとき（過ぎた日々をかきまわすと）
ярчайший где, いつもきまって（最も輝かしいのは）
я вспоминаю 思い出すのは（わたしが思い出すなかで）
одно и то же — 最も輝かしい（いつも決まって同じ）
двадцать пятое, 二五日、（二五日、）
первый день. 最初の日（最初の日）

ロシア語は、マヤコフスキーが示したように配置されている。この作品では音楽は響くが、一か所を除いて音としての台詞は入らず、サイレント映画のように文字が現れる（革命はサイレントの時代）。音楽で補足しつつ、マヤコフスキーの詩のリズムは映像の動きで表現される。街並みが縦に移動する。オーバーラップで次々にさまざまな「パン（хлеб）」という文字が浮かぶ。これは、１９１８年1月18日にペトログラード中央食糧管理局が人民政治委員評議会の決定でパンの供給を呼びかけたポスターの文字を応用している。続いてあらわれる「呪わしい戦争をやめろ！」（当時は第一次世界大戦の最中でもあった）のスローガン。

［革命、それは生命］

足を引きずった人が左から右へとよぎる。１９１７年の自由国債についてのプラカード。その文字。男女が右から左へ動き出す。なんとそれはアレクサンドル・ブローク[21]の叙事詩『十二』（１９１８）に登場する最初の挿絵である。

本の挿絵では男女の右上にプラカードが描かれ、そこに、詩に出てくる言葉がスローガンとなって連ねられている。他方アニメーションでは、異なる空間に同じ言葉が登場する。すなわち「すべての権力を憲法制定会議に」である。ここで、ブロークの作品を知る者の耳には、『十二』の詩句がルフランのように聞こえてくるはずだ。「黒い夜。白い雪。風、風！人は立っていられない。風、風――この世のすべてに！」幻聴なのか、はたまた映像によって喚起されるものなのか。赤軍兵士12人にキリストの十二使徒をかさねる詩人ブロークの革命への期待。そして、後の失望……。

21　１８８０-１９２１。詩人、劇作家、後期象徴派の代表。

街を行きかう人々。街並みを背景に幼子を抱く女性が浮かび上がる。ペトロフ＝ヴォトキン[22]作の《1918年、ペトログラード》(1920)、別名《ペトログラードのマドンナ(聖母)》である。原画にはある、イタリア聖像画(イコン)の影響を受けた背景は見えず、マドンナと幼子だけが、ペトログラードの街並みを背にコラージュされている。

このマドンナについて、ユーラは、IMAGICA TV(現WOWOWプラス)が2017年に出した2K修復版のブルー・レイやDVDに添えられたブックレットに掲載されているインタビューで、「ある画像を透かした向こうに別の画像が見える、多重露光という技法」を使い、「ひとつの画面の中で付加的な動きを見せられるようにした」と語っている。

この絵は複製でいつも見ているが、ユーラの映像では実にしっとりとした輝きを湛え、感嘆させられる。そこで、このオリジナルをモスクワのトレチャコフ美術館で鑑賞するために出向いたほどだ。その結果、映像の中のマドンナと幼子は、ペトロフ＝ヴォトキンの作品をノルシュテインが独自に光によって変容させたものであると認識させられた。人々が護るべきもののために成しとげられた革命、《マドンナと幼子》は、その象徴なのだ。ロシアの人々の、画家たちの、延々と続いているマドンナ崇拝に思いが及ぶ。マドンナは時代を超えて、人がこの世にある限り生き続けることだろう。戦争で、災害で、病で子どもを奪われたマドンナたちをロシアの人々はいつくしむ。いまだに、そんなマドンナがこの世界に何と多いことだろうか。無念さがこみ上げてくる……。

さらに、街を背景に浮かびあがる「１９１７年10月」の文字。たなびく赤旗に浮かび上がる文字――〝すべての権力をソビエトへ〟。次に、向かうべき道を指し示すように手を右方向に上げる赤いレーニン像が登場する。ストラーホフ[23]がデザインしたポスターから抜け出た赤いレーニンだ（ノルシュテインが本当に使いたかったのはウラジーミル・ファヴォールスキー（１８８６‐１９６４）の版画《レーニンと革命》だったのだが、芸術委員会の指示に従った）。

赤いオーロラ号（日露戦争に参加した巡洋艦）が姿を現す。冬宮広場。オーロラ号から空砲が発射される。冬宮への進撃開始を合図する空砲。スクリーンに鮮烈な紅の色がたたみ込まれ、あたかも全身が赤血球に包まれたかのような人々が立ち上がり、左から右へ走り抜ける。この深紅の人々は、モスクワで刊行された、先にも述べた『世界をゆるがした十日間』の表紙カバーからとられている。セルゲイ・チェホーニン[24]の作品だ。

22　１８７８‐１９３９。画家、線描家、作家。自伝的な著作を数冊刊行、象徴性に富む独自の美的概念で創作。「芸術世界」会員等。／**23**　１８９６‐１９７９。ポスターの作家として知られる。１９１９年から１９２２年まで、モニュメント宣伝に参加。／**24**　１８７８‐１９３６。書籍の装丁、挿絵、絵皿などで有名。

炎となって走る人々、市民、労農兵士たち。その疾走はマレーヴィチ[25]の《赤軍騎兵隊》に重なってくる。街を行き交う人々も、オーロラ号も、すべて美術作品から次々抜け出して動き出す。

デイネカ[26]の《ペトログラード防衛》に描かれた人物達、レーベジェフ[27]が誕生させたとおぼしき人物たち、あるいはピーメノフ[28]が描く人物像の透明な影が、木版に描かれた水兵が歩き始め、船はネヴァ川を航行する……。

ビルの陰から出入りする資本家、戦争屋、ブルジョア、似非《えせ》聖職者などはマヤコフスキーが『ロスタの窓』[29]に、典型化を図って描いた漫画から飛び出してきた。彼らの動きは、スクリーンの背後に、ショットの奥深くから現れ消える。これら革命に不信を抱く市民、革命に反対する人々の動きはすべて右から左に向かう。左右からの激しい動き、衝突、吸収、また消滅、復活が繰り返される。

［絵画を映画に］

美術作品の、動きを伴ったコラージュは、映画、特にアニメーションに実にぴったりとはまる。

ユーラが、アニメーター向けに開くワークショップで参加者に必ず与える課題がある。コラージュにより絵コンテを描くことだ。例えば、北斎の版画「御厩河岸より両国橋夕陽見」（《富嶽三十六景》より）やパウル・クレーの絵《囀《さえず》り機械》、サルヴァドール・ダリの《目覚めの直前、ザクロのまわりを一匹の蜜蜂が飛んで生じた夢》などの絵のみを使って絵コンテを描いていく訓練。これは絵画の中に流れている時間を、映画の中の時間に想起し直し、変容させる作業とも言えるだろう。

ユーラのこの作品を見ると、彼自身が絵画から絵コンテをどれだけ描いたか、または、想像していたかがよくわかる。時間の芸術である映画を、そのようにして自分の血肉にしたの

25　１８７３-１９３５。さまざまな芸術運動の段階を経て、スプレマチズム――無対象絵画に到る。／26　１８９９-１９６９。リトグラフや油彩などで表情豊かな作品を生む。はじめアヴァンギャルドに近かったが、後に新しい時代にマッチした芸術形式を探求する組織「イーゼル画家協会」、「ＯＳＴ」に参加。／27　１８９１-１９６７。『ロスタの窓』のプラカード作りにも参加。ロシア・アヴァンギャルドが弾圧されるにつれ、リアリズムに移行せざるを得なかった。そこに逃げ込むしかなかった児童書に味わい深い絵を多く描いている。／28　１９０３-１９７７。「ＯＳＴ」のメンバー。／29　タス通信の前身である通信社。１９１９年から22年、街頭に面したショーウィンドーにニュースやスローガンを張り出し、識字率が低かったロシアで、画家たちが参加して絵や風刺漫画等でもニュース等を伝えた。

だろう。

さらに、彼は絵画から時間のみならず音、響きを耳にしている。「ブラック[30]の絵画の響きは、このフィルムで〈嵐〉と名付けたエピソードの基本になった」と語っている。

この戦いの嵐がおさまると、ペトログラードを行きかう人々の流れは自由に、つまり左右からの動きとなり、それが交差しつつ流れていく……。


赤い人々が担ぎ、コラージュされるスローガンも、先にあげたマヤコフスキーの同じ詩から引用されている。文字が表記されるスクリーンは、一枚のアヴァンギャルド絵画であるかのように表現される。これも、ノルシュテインは、当時の芸術家たちの手法にならっている。有名無名の多くのアヴァンギャルドの画家たちが、文字や数字を、絵画作品の構成の中に差し込んでいる。まるで生き物のように。リシツキー、マルグーノフ、ポポーワ、ウダリツォーワ、ヴェスニーン、アリトマンなど。現実のスローガンを取り入れた、これら叙事詩の言葉たち。「何と素敵なスローガン！」とユーラも、いつも感嘆している。そのための「革命」は素晴らしかったし、常に素晴らしい！

権力はソビエトへ！　Власть Советам!
土地は農民に！　Земля крестьянам!
諸国民に平和を！　Мир народам!
パンは飢えたる者に！　Хлеб голодным!

何と真実に満ちた言葉だろうか！　それがアヴァンギャルド作品のコラージュの内から響いてくる。

マヤコフスキーの詩ばかりでなく、すでに触れたが、アレクサンドル・ブロークの詩『十二』も、文字や言葉は目に見えないのに、響いてくる。これこそが映画言語の本領ではないか。1918年にペテルブルグで刊行されたこの長詩（ポエーマ）にアンネンコフが絵を描いた。そこに描かれている人物や物体がスクリーン上で動き出す。するとブロークの詩が沸き上がるように、聴覚と視覚を通じて状況が二重に喚起される。その意味で、私たち日本人

30　1882-1963。ピカソと共同でキュビスムと呼ばれる造形革命を起こす。

には、この9分間の作品を自分のものにするには時間がかかると思われる。

ただ、これは五感で十分感応できることだろう。筆者が初めてこの作品を見たのは、エイゼンシュテイン・シネクラブのノルシュテイン作品上映会でのことだったが、作品の豊饒《ほうじょう》さに目を見張り、虜になってしまった。

「こんなアニメーション作品は初めてです」と呟くと、映画評論家のおかだえみこ氏が笑いながら「世界は広いと言っても、未だに最初にして最後の作品ですよ！」とうなずかれた。

ちなみに、ノルシュテイン作品の上映会は、１９９３年以降、彼が年一回、時に二回来日するたびに行われていた。

「自分自身にとどまる」こと

しかし、実のところ、この作品では、ノルシュテインたちは自分のアイディアを最後まで実現することができなかったのだ。ソユーズムリトフィルムにある組織、芸術委員会の委員である芸術官僚の指令があったためである。一種の検閲に屈服したことを、ユーラは現在に至るまで苦々しく後悔している。この事実一つとっても、ソ連邦は完全な社会主義国家と言えず、民主主義も完全には導入されていなかったことは明らかだ。ソ連時代、ノルシュテインがどのような社会状況に身を置きながら作品を作っていたか、ということは、頭に入れておかなくてはならない。

筆者は１９７０年代、ごく少数だが、モスクワ大学の学生たちと話し合う経験を持った。誰もがマルクスの、今に至るも偉大な著作『資本論』やエンゲルスの著作、つまり知の根本ともいえる世界の哲学や思想史に関する書籍を読んでいなかった。彼らは、すでに社会主義国家となり、共産主義を目指す国では、それらの著作はもう必要ないと笑っていた。私は、ショックを受け、70年代当時まだハイデガーやハンナ・アーレントの著作を読んでいなかったが、聞きかじりで「権力の本質は変わらない、プロレタリアの権力であれ、ブルジョアジーの権力であれ……」と議論を始めたが相手にされなかった。ここでも「権力側からの」人々への洗脳を感じないわけにはいかなかった。本質的には太平洋戦争前の日本に近いとさえ思ったほどだ。もちろん、知識人たちは抗《あらが》っていたが……。

ソ連崩壊後、知人であるロシアの人々が口々に「ロシア・ソ連邦は外敵に強いが、崩壊は内部からの力が要因だ」と断言した。私はそれに百パーセント賛成しているわけではないが、作品への介入を受け続けたユーラの深刻なトラウマは理解できる……。

彼が若い人々に口酸っぱく強調する言葉の背景には、この事実が重く横たわっている。「自分自身に留まることです」と。言い換えれば「自分を裏切るな、自分を否定する他者に屈するな」ということなのだろう。ユーラの言葉を通訳しながら、私は内心自分に呟いていた。「その自分なのよね、問題は……そのようになり得る、強靭な、鋭い知性と感覚の自分をつくらなければならないのよね……」。

それが簡単でないことは、彼自身がわかっている。だからこそ繰り返し口にするのでもあろう。２０１３年、２５０名からなる日本の合唱団が、森村誠一作詩、池辺晋一郎作曲のカンタータ《悪魔の飽食》の公演をモスクワとペテルブルグでおこなったことがあった。有名な関東軍７３１部隊をあつかった作品である。公演前に、ノルシュテインも公演を応援する人々の一人として記者会見に臨んだ。侵略戦争を開始した当時の日本の状況、７３１部隊の、名付けがたい数々の、中国人はもとよりロシア人たちにも強要した人体実験に話が及んだ。ノルシュテインは自らの立場で、極めて悲しそうに発言の最後を締めくくった、「……自分の生命を引き換えにできないかもしれない、自分の意志に背いて同意に追い込まれざるを得ないかもしれない……」と。内心震えながら私は通訳し、作家小林多喜二の無残な遺体の写真と、７３１部隊の実験状況とを二重写しに思い浮かべていた……。

［モスクワのメーデー］

この作品の最後には、モスクワのメーデーを祝う人々のデモ行進のドキュメンタリー映像が登場する。この記録も、ある時代を刻印していて感動を与える。

そして、先に述べたストラーホフのデザインによるポスターの中のレーニンが演説する声が、スクリーンの背後から高揚感を伴いつつ聞こえてくる。

「ソビエト権力とは何だろうか？　この新しい権力について大多数の国が理解したくないか、理解できないでいる。世界各国の労働者をますます引きつけているその本質とは？　今まで、様々な形で金持ちが、資本家が国家を統治してきた。だが今度初めてロシアで生まれた国家は、まさに資本主義社会が抑圧してきた階級、労働者、勤労者によって統治される。しかも多数の人々の規模で……」。

再びタトリンの赤い設計図が炎となって燃え上がり、アニメーションは幕を閉じる。

この作品を満たし、溢れる力は、パーヴェル・フィローノフ（1883-1941）の作品、ことに《ペトログラードのプロレタリアートの公式》と《革命の公式》から受け取っているという。

このアニメーションに取り組む前に、ユーラたちはレニングラードにあるロシア美術館を訪れた。当時、フィローノフの作品は門外不出、つまり公開禁止とされていた。10月革命を描いた作品が禁止されているということは、政権、つまり権力の本質が変わったということだろうか。

ユーラたちは引き下がらなかった。若い映画人たちの熱意を感じ、学芸員たちは「決して口外しない」ことを条件にフィローノフの作品群を見せてくれた。彼らは大きなショックばかりか、強烈な印象を受けた。それが、そのままこの映像作品に投影されている。迫力に満ちた分析の積み重ねで描くフィローノフの絵の前は、簡単に通り過ぎることはできない。拒絶するか、あるいはそれに惹き込まれるかだけなのだと思える。

1979年にパリで〝パリ―モスクワ〟と題するロシア・アヴァンギャルドの大きな展覧会が開催され、世界にセンセーションを引き起こした。後に私はそのカタログを取り寄せたが、もし記憶違いでなければ、そのときにフィローノフ作品は数点展示されていたようだ。「芸術と革命」と題して、その疑似パリ展が1982年、東京池袋の西武美術館で初めて開催された。そのとき刊行されたカタログを見ると、フィローノフの作品は3点掲載されている。実は、この展覧会開催当時の私は、フィローノフのことを認識していなかった。ユーラによって開眼させられたのだ。

１９８８年、ペレストロイカの時代になって、モイカ運河沿いのロシア美術館別館でフィローノフ作品が初めて公開された。偶然その前を通りかかって、彼の作品に出会ったとき、ただもう身動きできなかったことを思い出す。その時、私は愚かにもカタログが刊行されていることに気づかなかった。手許にある一冊の画集『ソビエト芸術20―30』（芸術出版社・レニングラード、１９８８年）には幸いなことに、数点掲載されている。『無名のアヴァンギャルド芸術』（ソビエト芸術家出版・モスクワ、１９９２年）では、フィローノフについて若干記載があり、作品３点が掲載されている。さらに、『20～30年代の絵画』（ロシア連邦共和国の芸術家出版、１９９１年）ではフィローノフがトップを飾り、８点が掲載されている。時代の変遷をまざまざと示す美術書出版の姿が見えてくる。

この作品で、プラン通りにならなかった箇所はいくつもあるが、フィナーレでは、ユーラは、モスクワのメーデー行進の上を、天使に飛翔してもらおうと決めていた。愛する画家の一人マルク・シャガールの作品《婚礼》（１９１８）だ。

この作品では画家自身と未来の妻ヴェーラが婚礼の装いで抱き合っている。思い出の地ヴィテプスク[31]で描いた。二人の頭上で紅色めく天使が二人の頭を両手で囲い込む。

この天使の飛翔を背景に、フランスの詩人エリュアールの作品「自由」（1942）が、ロシア語翻訳で朗々と響くはずだった。ナチ占領下のパリで、まさに自由を奪われた詩人が自由について心血注いで書き上げた作品だ。レーニンの、ソビエト権力とは何かを語る演説も貴重である。しかし、革命の解釈を閉じ込め固定してはならないだろう。今を生きる私たちには、その先にこそ複雑で多様な問題が多々あるのだ。ノルシュテインも、天使を飛翔させ、「自由」を響かせることで、「その先」をひらきたかったに違いないのだ。もし役人が指示したように、革命の解釈を閉じ込めておくなら、それは歴史の弁証法からはるかに遠ざかっていく……。

自由

わたしの学習ノートに
教室のわたしの机や樹々に
わたしは書く　きみの名を

このように始まる詩は５～６ページにわたり、以下のように閉じられる。

そしてただひとつのことばの力を借りて
わたしは人生をもういちど始める
わたしは生まれたのだ　きみを知るために
きみを名づけるために
自由と

宇佐美斉編・訳『エリュアール詩集』（小沢書店、１９９４年）

筆者は、出会って間もなくユーラに提案した。後悔ばかりして、この作品から逃げることをやめて「どうかご自分がやりたかったように後半を作ってください」と。「出来上がって

31　ベラルーシ共和国の都市。１９０６年、19歳のシャガールはここでイェフダ・ペンの画塾に通い、そこの芸術学校で教え、やがて、この街に別れを告げる。彼もまた10月革命によって市民権を得たのだが……。

いるものは歴史の一時期の教訓として、そのままにしておきましょうよ」。彼は目を見開いて「そのように考えたことがなかった。ただ拒絶していた。《外套》を完成させたら、ぜひ、一緒に考えたい……」と呆然《ぼうぜん》と呟いた。

私たちは、いつの日か、この作品のテーマで絵本を創ろうと話し合った。美術と映画の狭間にあるものを本のページの中で構成するのは、とても難しいと予想するものの……。

そしてそれは、この作品に取り上げられた画家たちについての壮大な物語にもなることだろう。これからも彼らの作品の内面を散策したい。このアニメーションで使用された美術作品を求めて筆者は旅を続けてきた。作家たちのカタログを収集してきた。それは自分を癒し励ます至福のひとときだった。

1917年の十月革命は、単にロシアだけの物語ではない。人類が模索してきた思想、哲学の、一つの到達点を実現しようとした壮大な試みで、世界中の心ある人々が、それを見守り護ろうとしたのだ。資本主義体制に踏み込んだ列強が潰そうとしたが、そうはいかなかった。だが完全に勝利したわけではなかった。過酷な制裁、すべての武器の矛先がソ連邦に向けられていた。そのようなことも影響しただろうが、内部矛盾の噴出も解決できず、権力を掌握しようとする人間の業と断言できるかどうか筆者には分からないが、権力闘争に陥り、権力者は思想統制に名を借りて、現権力に抗う人々に過酷な弾圧を行った。民主主義は遠のいた。私の知己でもあるアレクサンドル・ソクーロフ監督は権力とは国家だけではない、家庭や小さな集団にも、その問題があり得るし争いが起こると断言する。その争いが国家権力の中で起こる時の悲劇は計り知れない……。生命線ともいえる作品のアイディア変更を迫られ、余儀なくされたノルシュテインも犠牲者の一人だろう。彼の身近にいて、そのトラウマが大きいことを感じさせられてきた。だが、一部妥協したにしても、この作品《25日、最初の日》は、当時生きた人々の記念碑として永遠に残されることだろう。

《ケルジェネッツの戦い》

1971年、カラー、シネマスコープ、10分

ロシアの国民楽派五人組の作曲家リムスキー＝コルサコフ晩年のオペラ作品に《見えざる町キーテジと乙女フェヴローニャの物語》（1903-4、1907年にペテルブルグのマリンスキ

ー劇場初演、4幕6場）がある。古代ロシアの伝説をもとにベーリスキーがリブレット（オペラ台本）を書き上げた。

[原作オペラのあらすじ]

小キーテジの町からそう遠くないヴォルガ河左岸の、うっそうとした森にフェヴローニャという娘が生まれ育った。人里離れた生活の中で、彼女は自然の言葉（鳥獣のことばも含めて）が理解できるようになる。

ある夕暮れ、見知らぬ青年がやって来る。腰には公爵のように銀の角笛を携えている。彼は狩で熊をしとめようとして肩に傷を負い、森の中で道に迷ってしまったのだ。娘は彼を手当てする。見知らぬ青年は彼女の優しさと美しさに惹かれ、結婚を申し込むが、身分が違いすぎるので彼女は困惑する。

やがて狩猟の角笛が聞こえ、一行が青年を探し当てる。彼こそは、大キーテジを治めるユーリー公の子息フセヴォロード皇子と分かる。邪魔立てが入るが、大キーテジで二人の婚礼準備が進められる。だが悪いニュースがもたらされる。

小キーテジがタタール軍に占領され、フェヴローニャはとらわれの身に。タタール軍は大キーテジに侵攻するために民衆に道を尋ねるが、誰一人答えない。素性も確かではなく、身分も低い花嫁に不満を抱く金持ちたちに買収された酔っぱらいのグリーシカは、恐れをなして道案内を買って出る。フェヴローニャは、神が奇跡によって大キーテジを見えなくするように祈る。

大キーテジのウスペンスキー大寺院に民衆が武器を手に集う。フセヴォロード皇子は、タタール軍との決死の戦いに出陣する。そのとき急に教会の鐘がひとりでに鳴り始める。金色に輝き光あふれる霧が街を覆い隠す。フセヴォロード皇子率いる軍は全滅し、彼は無数の傷を負って戦死する。スヴェトロヤール湖の辺り、森の中ですべてが霧に包まれる……。タタール軍は退散し、グリーシカは気がおかしくなり森の中に駆け込む。

皇子とフェヴローニャは天国の鳥たちに導かれて湖に向かう。大キーテジの街が湖の底に沈み、天国に変わる。そこでは、タタールに命を奪われた人々は蘇り、二人を祝福し、楽しく暮らす……。さわやかに晴れ上がった日に、澄んだ水の底から鐘の音が聞こえてくる。

［イワノフ＝ワノーからの申し出］

このオペラに夢中になったロシア・アニメ界の重鎮イワノフ＝ワノーはノルシュテインに共同制作を提案する。だが、台本などはすべて変更したという。リムスキー＝コルサコフの音楽、間奏曲《ケルジェネッツの戦い》やフセヴォロード皇子が出陣の時に合唱する歌を残して今あるような作品に完成した。

平和な村に不穏な知らせ。兵士の出陣式。公の妻が幼子を抱えて現れる。まるで、白い悲しみのマドンナ。悲しみに沈む村に残される人々。敵と戦うために故郷を後にする戦士たちが母や妻や子どもたちに別れを告げる。

許してくれ、さようなら、故郷の村よ
家族の皆々、泣くな
戦で果てるのが、われらのさだめ
死者は恥をしらぬ

戦で果てるのが、われらのさだめ
死者は恥を知らぬ
戦で果てるのが、われらのさだめ
戦で果てるのが……

作品の冒頭に、14～16世紀ロシアのフレスコ美術、細密画を利用していると明記されている。ユーラはまたもや絵画（イコン）を動かしている。そして、黒で表現されるタタール軍、赤で表現されるロシア軍の左右の素早く激しい動きは、《25日、最初の日》で使われた手法をさらに深化させている。イワノフ＝ワノーがユーラを招聘《しょうへい》したのも、前作で見せた卓抜な手法に目を見張ったからという。

「「何度も生きる」こと」

やがて平和が訪れ、人々は畑を耕し、家を建て、さわやかな春の野原で子どもたちは嬉しそうに遊びまわる。遊びは古《いにしえ》からある日本の子どもの遊びにも共通している。子どもらが遊ぶ姿はまさに安らかな平和の象徴だ。淡々とした日常、何も起こらないことの幸せ。

これは厳しく辛い時代を通過した人々には痛いほど分かることだろう。そんな時代に関わっていない私たちでも、知識と想像力で、その時代の全貌、その真実を知るだけでなく、感覚で追体験できるだろう。ユーラはもとより、ロシアの芸術家たちがよく使う言葉の一つに「ペレジヴァーニエ пережавание」がある。ペレは接頭辞で繰り返しを意味する。ジヴァーニエはジーチ（生きる）という言葉からできている。そう、「何度も生きる」という意味。「生きる」の中には多くの事象が含まれている。経験、体験、酸いも甘いもかみ分ける、苦難を乗り越える、どのようにも表現できる。だが私たち各自の誕生はたった一度だけ、何度も生きるなんて無理な話……いやいや、そうではない、何度でも、想像によって生きることができる。追体験もその一つ。たった一回の自分の人生で、「何度も生きる」ことができたら、人生は実に豊かになることだろう。それができてこそ、私たちは、芸術作品を深く味わうことができる。自分の国の歴史も、その時代に生きた人々のことも本当に知ることができる。反対に、このことを抜きにしたら、今を生きる私たちにとっての人生は希薄なものになるかもしれない。

戦いによる多大な苦痛ののち、あの野原で遊ぶ子どもたちや仕事に勤《いそ》しむ大人たちの姿を目にして、そんなことが思い浮かぶ……。破壊や殺戮《さつりく》など人を蔑《なみ》するいまわしいことどもが起こらず、喜びに満ちた日々――これこそノルシュテインが作品で一貫して訴えている幸せの象徴なのだ。声高に叫ぶことなく、目に優しく美しい作品で静かに訴えかけてくる。

《キツネとウサギ》

1973年、カラー、スタンダード、12分

有名なロシア民話をもとにした作品である。同じテーマの民話でいくつかのヴァージョンがあるが、このアニメーションでは、著名なウラジーミル・ダーリ[32]が採集したおはなしが描かれる。

32　1801-1872。作家、民族学者、辞典編纂者。

［原作民話のあらすじと作品のテーマ］

ウサギの家は樹木の皮製。キツネの家は光輝くばかりの氷の宮殿。でも春がやって来ると氷の宮殿は溶けてしまった。そこでキツネは一計を巡らし、ウサギの家を乗っ取ってしまう。家を追われ涙にくれるウサギを気の毒に思って、オオカミ、クマ、ウシ等、いかにも大きくて強そうな動物たちがキツネの追い出しに乗り出すが、うまくいかない。ところが、キツネを追払い、家を取り戻したのはオンドリのペーチャだった。それ以来、ウサギとペーチャは仲良く一緒に暮らしている、というお話。

制作当時、ユーラはどんな作品に取り組もうかと考えていた。そこでこの民話を選んだのは、彼自身明確には自覚しなかったが、制作案が受理されやすい提案をし、仕事を続けたいという願望が意識下でうごめいていたのだろうという。「子どものために何でも作るよ、例えば『キツネとウサギ』などどうだろう？」

「民話の『キツネとウサギ』をアニメートしたい」と提案すると、スタジオ首脳部は「ああ、いいいな。子どものためならいいいじゃないか」とあっさり認め、許可がおりた。

これはヨーロッパの民話でもあるとみなされ、イタリアが世界民話シリーズの一本として資金を出してくれることになった。ノルシュテインは簡単にできると内心考えていたらしい。しかし、そうはいかなかった。

原作となった民話のテーマは「大きな恐怖」であると言われている。ロシア語のことわざに「目に恐怖は大きい」がある。つまり、恐怖を目の前にすると目が大きくなって、恐怖が大きく見える、誇張される、という意味と聞いた。

しかし、芸術家にとって、民話に限らずテーマとして選択したものを作品化するにあたって、大変重要なことがあるという。それは、対象と自分の心との交差である。作者自身が関心を抱き感動することがどうしても必要不可欠なのだ。

民話の単なるアニメ化にはしたくなかったユーラは、「侮辱された罪のない存在が抱える問題、その人生哲学の変化」に注目した。

「ウサギは誰の邪魔もせず、ささやかながら人生を楽しんでいた。四季折々に合わせて衣替えをしたり、ロシアの三弦民族楽器バラライカを弾いたり、陽気だった。それが突然追い出される、しかも自分の家から……」。ウサギの無念さへの視線はその後も継続しており、ユーラにとってこれはそのまま《外套》のアカーキー・アカーキエヴィチの無念さに通じるという。

［ウサギの目とゴロジェッツ絵画］

テーマが決まると、次は主人公のウサギのイメージ作りに取り組む。ウサギはユーラにとって極めて難しいキャラクターとなった。なぜなら、愛される可愛いウサギは世界中にたくさんいるので。それらとは違うものを作らなければならない。

まず、ウサギの目を考えた。悲しくて悔しくて涙があふれる、その目を探し求めていた彼は、民衆絵画の中で、まさにぴったりの目を発見した。それは「ゴロジェッツ絵画」と呼ばれる民芸品の一つだった。

ゴロジェッツは、ニジニーノヴゴロド州[33]のヴォルガ河の船着き場がある村で、鉄道の駅からは14キロメートル離れている。その村では遠い昔から人々が錘《つむ》や、手織りの布を梳《す》く櫛（梳麻台）などに自分たちで絵を描いていた。家具、箱類、揺りかごなどにも。素朴な絵には一種の様式化も見られる。色調は複雑ではないが、なんとも味わい深く、いつまでも眺めていたくなる。

モスクワのイズマイロヴォにある屋台が立ち並ぶ市、ヴェルニサージ、私はここで「ウサギの目」と偶然出くわした。ヴェルニサージにある古本コーナーの若いオーナー、ミーシャとは顔見知りで、以前ゴロジェッツの画集を求めたことがあるので、ある時また寄ってみた。すると、絵本作家で国際アンデルセン賞受賞者でもあるタチヤーナ・マーヴリナが所持するゴロジェッツ・コレクションを画集にしたのが棚に並んでいた。マーヴリナはゴロジェッツ絵画が大好きで、その影響も受けている。その画集のページをめくっていると、出て来ました、ユーラがウサギ造形のために探していた「目」が！　私は嬉しくなって、ミーシャの言い値で購入した。そしてすぐにそのページに見入った。

実はもともとはウサギではなく、立派な猫で、その目なのだ。椅子の座面に描かれている。ルボーク（民衆版画）にも、こちらをじっと見ている有名な猫がいるが、ゴロジェッツの猫はもっと素朴な雰囲気をもつ。この猫はまんまるな目で真っすぐこちらを見ている。あのウ

33　作家M・ゴーリキーの出身地で、ソ連時代はゴーリキー州、州都ゴーリキー市だったが、ソ連崩壊後１９３２年以前の名称に戻された。オカ川がヴォルガ河にそそぐ地点。

サギの目だ！　これでウサギのキャラクターのイメージはほとんど決まったも同然だったのだ、と私は納得した。

ユーラはそれからウサギの耳について考えた。彼が思いついたのはロシアの道化ペトルーシカ。これはもともとロシアの伝統人形劇に登場する滑稽で哀愁を帯びた主人公だ。作曲家ストラヴィンスキーにバレエ組曲《ペトルーシカ》（1911）がある。この曲にはロシア民謡や俗謡が散りばめられていて興味深い。道化のペトルーシカは、長い耳がついた帽子をかぶっている。耳の先に鈴がついていて、動くたびに音がする。アニメのウサギの耳は、それぞれ半円を描くように、いつも垂れ下がっている。ウサギが泣きながら歩く時も、ペトルーシカの帽子のように耳が揺れる。

［手仕事へのこだわり］

さて、乗っ取り屋キツネ嬢の華やかなロング・スカートもゴロジェッツの絵から拝借している。いや、スカートだけではない。背景の模様、すべてのシーンを囲む縁取り、雰囲気などすべて民衆絵画を参考にしている。背景には、ユーラが十代の終わりに描いた冬景色、雪をかぶった樹々の枝にとまるカラスたちを描いた油絵も忍び込んでいる。冬のロシアそのものの光景。ゴロジェッツ絵画とともに、いかにも民話の世界という感じがする。

また、登場する動物おのおのが実によく表現されている。細部に行き届いたこだわりがあちこちで見られる。これはユーラによれば、師と仰ぐロマン・カチャーノフ監督の教えとのこと。細部に細心の注意を払い、対比を出すことを勧められたという。細部こそ、キャラクターの特徴、性格などを豊かに表現するうえで決して欠かすことができない重要な部分なのだ。クマの頭に飾られた小さな白い花の輪などよい例だ。

これら切絵アニメのキャラクターたちは、少し厚めのフォイルの上にセルをのせて作っている。そこにチタンホワイトを塗り、細部を描き、色を塗る。彩色のために油彩、パステル、水彩などさまざまな手段を駆使する。また、耳、手、腕、足、脚などはビスで止めてあり動かせるようになっている。１秒に24コマ撮る。少しずつ動かして撮るのだから根気がいることだ。当時はコンピューターがなく、すべて手仕事だった。

コンピューター時代となった現在も、ユーラはコンピューターをほとんど使っていない。よく、切絵の細かな部分をはさむピンセットを指し示して、「これが私のコンピューターだ」

と笑う。「反復するときなどの作業を簡易化するためにコンピューターを使えばいいが、自分の感覚や視点などを磨くためには、安易にコンピューターを使わない方がいい」と言う。実際の撮影の時にはストップウォッチも使わない。絵コンテを積み重ね、キャラクターの自然な動きをすべて十分に感覚してから現場に臨むからだ。ほとんど間違ったことがないという。その際、計算ずくでは出てこない効果――奇跡をひそかに期待する。ユーラはそれを「神様のたわむれ」とか「神様のミステイク」などと名付けている。これもコンピューターを使わないことのよさだろう。

[なぜニワトリ？]

ところで、この作品ではオオカミもクマもウシもどうにもならなかったのに、なぜオンドリが追い出せたの、とよく訊かれる。ユーラは「怖がらなかったからさ」と答えるだけだ。その通りなのだろう。先に触れたように、これこそが、この民話の主題ともいえる。多分、はるか昔から人々はさまざまなことに恐怖心を抱きつつ暮らしてきたのだろう。「キツネ」のような存在は、現在に至るまでどこでもいつでもいるものだ。だからこそ動物物語を借りて、このような口承文芸が生まれたにちがいない。

そして、ニワトリは人々の暮らしの中で極めて大切な存在だったのではないか。まず栄養価の高い玉子、飼いやすい身近なタンパク質。また夜明けを告げるオンドリの雄たけびとともに農民をはじめ人々は起きて、仕事に勤しんだのだろう。電気が現れ一般に普及するまでの時代、ニワトリの声とともに夜が明けるのが心待ちにされたことだろう。世界中のフォークロアで、悪魔、魔女、魑魅魍魎《ちみもうりょう》は一番鶏の雄たけびで尻をさかさにあたふたと姿を消す。

また、玉子は再生の概念を人々に与えたのではないだろうか。キリスト教以前の春の農耕祭りにロシアでは玉子に絵付けが行われ、互いに贈り合っていたという。後に農民たちは農閑期に木で入れ込み玉子のオモチャを作った。これは、後にキリストの復活祭に結びついたという。19世紀終わりから20世紀にかけて生まれたロシアの民芸品マトリョーシカ人形も、箱根からロシアにもたらされた木の人形、福禄寿と木製の入れ込み玉子が結びついて誕生したと伝えられている。

そんなニワトリが恐れを知らずキツネ退治に挑むことは、ロシアの民衆にすんなりと受け入れられたのかもしれない。明るく輝く太陽とともに描かれるオンドリは、ゴロジェッツ絵画にもよく登場する。剣を振り上げる勇士たちの姿もよく見かける。

このアニメでは、トサカとブーツの赤い色調が勝利や喜びをことさら象徴し、太陽のまばゆい明るさ、輝かしさとも呼応している。あきらめず、恐れず、人生においていつも「試み」よ、理不尽とは闘え、という教訓が、あのロシアの赤い彩りとともに響いてくる。

そして、ユーラが大好きな作曲家メェローヴィチの音楽も素晴らしい。短調のロシア民謡風の、胸をえぐるような哀愁と、長調のリズミカルなユーモアが交差すると、主人公の心理状態が無言で表現されてあまりある……。

[絵本『きつねとうさぎ』]

日本では、この作品を元に、絵本も作られた（『きつねとうさぎ』福音館書店）。絵を担当したのは、もちろんノルシュテインの妻フランチェスカ・ヤールブソワだ。

フランチェスカはまるでユーラの手になったように描いていく。だが、ユーラがそのままにしていると、フランチェスカはますます描き込んで、巨匠が描くような濃厚でリアルな作品になっていく。彼はそれを押しとどめる。彼が求めるのは、現実と必ずどこかで交差するが、ある種のファンタジーを残しているものだ。その瞬間を知っているのはユーラだけなのだ。

この絵本作りは、まるで紙芝居のように展開していった。これもゴロジェッツ絵画の特徴なのだ。フレームを縁取る模様が額縁のような効果を出すからだ。

同じ作品、同じ作り手だが、アニメと絵本では、何が違うだろうか。絵本は動かない。時間が流れない。でも手を添えてページをめくれば時間が生まれる。音はなく、言葉も音楽も聞こえない。でも集中すると聞こえてくるのだ。自分が生きた日々、暮らした日々、耳にした音も記憶の殿堂にしまいこまれている。絵本を読みながら、私たちは、それを取り出して、言葉の抑揚、そこで響いてくる音楽、言葉などを自ら創り上げる。それは、程度の差はあっても、子どもたちも同じことなのだ。その意味で絵本は、書籍一般は、より読者の心を活性化するのではないだろうか。ロシアの芸術家たちは、自分の分野を超えて、絵本をふくめた書籍、絵画が大好き。もちろん音楽や演劇など、あらゆる舞台芸術も。こうしたことは全世界の共通項だろう。

この作品は子どもたちと一緒に楽しめるだろう。そのせいかどうか、小学校の国語の教科書にも取り上げられている。大人も、民衆絵画ののどかな美の中で湯あみできることだろう。冬が長く厳しいロシアの大地にとって、とても大事な温かく美しい色の赤い表紙（古代ロシア語で〝赤〟は〝美〟を意味する）も、私たちに力を与えてくれるだろう。よるべない存在を助けようとする力を、自分自身も明るくいきいきと生きる力を。

《アオサギとツル》

1974年、カラー、スタンダード、10分

これもウラジーミル・ダーリが採集したロシア民話をもとにしている。脚本はノルシュテインと先輩監督のカチャーノフが担当している。ユーラが自らアニメートしようと初めて決意した作品なのだが、ソユーズムリトフィルムでは有名なカチャーノフ監督に脚本を依頼した。このようなことは、どこの国でもしばしば起こり得ることだろう。

師と仰ぐカチャーノフと彼との間柄は、真のクリエイター同士としてヒューマンで自由な精神を基盤にしていた。脚本を読んで、ユーラは師に「一か所は素晴らしいのでいただくが、あとは自分のやりたいようにやりますから」と言った。「そうだね、もうギャラをもらったから、君が好きなようにすればいい」という返事だった。

彼がもらった一か所とは、アオサギが赤くきれいなナナカマドの実で作った首飾りをして

いることである。作品の中で彼女（アオサギ）は何か困惑しているときに羽の先で首飾りをもてあそぶ。気の強そうなアオサギがふと弱みを見せるようなその姿が心に留まる。このナナカマドの実をつなぐ糸が切れ、真っ赤な実が漆黒の沼にこぼれ落ちるとき、どきっとさせられる。このシーンはパレフというロシア伝統の塗り物の図柄を想わせる。このように細部を作り上げるうえで、首飾りのような小物は驚くほどの効果を発揮する……。

お互いに気になる存在のツルとアオサギが結婚申し込みをし合う。申し込まれた方は、なぜか傲慢な気分、あるいはあまのじゃくになり、断っては後悔するという繰り返し。今に至るまでお互いに行ったり来たりしているとか。とても単純で、よくある話という筋立てだ。しかし、このアニメーションでは詩情あふれる雰囲気、ちょっと哀しくなるような、笑いがこみあげてくるような、何がなし心象風景に似た特別な世界が繰り広げられる。

［廃墟と叢《くさむら》、雨］

ユーラが最初に悩んだのは、この二人の住まいづくりだった。暮らしている空間をどうするのか、どこにするかということだ。沼、沢、叢などが想い浮かぶ。そこで沼の辺りの叢に彼らが住む家を考案した。ところが、ほっそりと背が高いツルの家は、あろうことか公衆トイレのようになってしまった。このプランを、いつものように丸めて捨て、また悩んでいるとき、偶然ギリシャ文明の本を見つけ、手に取った。著者はスイス人のアンドレイ・ボナール。そこに廃墟の写真が掲載されていた。その後、また偶然、新聞か雑誌で草原にツルが数羽たたずむ写真を目にした。かなり時が経過する中で、この二つのシーンが意識下で結びついたのか、一種の観念連想が起こり、ユーラは彼らが生活する空間は廃墟であるべきだと考えるようになった。崩れかかった円柱、水の出がよくない噴水、東屋《あずまや》などがすぐに思い浮んだという。

沼の辺の廃墟では叢が印象に残る。《アオサギとツル》をアニメートするということ以外に何も決まっていないとき、ユーラが最初に耳にしたのは、この叢のざわめきだった。想念の中で、この作品が音で表現され、構成されていった。誰にも何も語れない、伝えられないが、音の絵をすでに聞き、見ていたのだ。新しい作品に取り組むということは摩訶不思議なプロセスを伴うものだと思わざるを得ないし、感に堪えない。

雨などは、ユーラが大好きな北斎の版画《梅屋舗》(『狂歌東遊』より)を参考にし、他にも広重の版画や日本の墨絵から着想を得ている。とても単純に見えるが、対象を象徴化してしまうような手法。また彼の場合は、一呼吸で、一気に描き上げる筆跡。それを、いつの日かアニメーションに取り入れることを彼は夢見ている。

［撮影手法・音楽］

この作品では、以後ノルシュテインにとって大事な制作パートナーとなる人物と出会っている。やはり日本文化が好きな撮影監督アレクサンドル・ジュコフスキー（愛称サーシャ）だ。彼は、この作品のほか《霧の中のハリネズミ》と《外套》の一部で撮影監督を務めた。ノルシュテインは彼の際立った人間性、知識、正義感、情熱、そのほか無数の魅力に、やっとこのような人物に出会えたと夢中になる。サーシャは亡くなったが、ユーラはかけがえのない友であり、同僚である彼への思いのたけを『フラーニャと私』（徳間書店）の中でも語っている。普段でもことあるごとに彼の思い出を語ってくれる。ユーラのスタジオにはサーシャの気が今でも満ち溢れているようだ。

ユーラ自慢のマルチプレーン（撮影台）は、まさにサーシャと一緒に考案し組み立てたも

自作のマルチプレーン(『ユーリー・ノルシュテインの仕事』(ふゅーじょんぷろだくと)より)

のだ。自由に動かせる数枚のガラス板の層。上方に備え付けられたカメラは左右上下、若干斜めにも自由に動かせる。照明の方角もさまざまに工夫されている。《アオサギとツル》で、このマルチプレーンは作動開始したのだ。

セルで用意した極めて繊細な背景を個別化し、何層ものガラス板に置き、その総体から出来上がる光景が撮影される。セピア色の光景は一見どうということもなく、いかにも自然に何気なく見えるが、そこには空気が流れている。「何気ない」ものを作ることの方が難しいのではないだろうか。完成作品は、はじめソユーズムリトフィルムの同僚から理解してもらえなかった。ピントが甘く、なにかぼんやりと出来上がった失敗作と彼らは受け取っていたのだ。それまでのアニメーションは、そして現在も、影像が明るくはっきりしているので、そのように考えたのだろう。

メェローヴィチの音楽と映像との関係はさらに深化し、音楽はキャラクターたちの心理そのものを曲によって語りかける。見事である。傲慢さを表す行進曲、愛の調和を描く幻想に満ちたワルツ、孤独な思いを表す哀愁のメロディなど、映像を補完するどころか、映像と一緒に、わがままで気まぐれなふたりのストーリーという布を織りなしている趣がある。

雨が降りしきるシーン。傘をアオサギにさしかけて去るツル。傘をさしたまま寂しげにツルの方に向きを変えるアオサギ。ロシアの名優スモクトゥノフスキー[34]の最後のナレーション。そして廃墟の入り口のような光景で幕が閉じられる。その入り口は、まるで墓地の入り口のようだ。ユーラが好きなシャガールの絵《墓地の門》（1917）がなぜか想い浮かぶ。この絵では、注がれる光がどこから来るのか定かではない。

34　1925-1994。コージンツェフ監督の《ハムレット》（1964）の主役でレーニン賞受賞、クリジャーノフ監督の《罪と罰》（1969）のポルフィーリー検事役など映画史に残る名演技で知られる。

［絵画・文学とのかかわり］

そういえば、この《アオサギとツル》にもアヴァンギャルド絵画は深層で大きな影響をユーラに与えているという。アヴァンギャルドの空間作りは主要なもの、二次的なものというような区別がない。その思想が《アオサギとツル》の空間を貫いていると聞く。さらに、キャラクターたちの衣装は、またもやゴロジェッツ絵画から来ている。ゴロジェッツの絵に登場する伊達《だて》男のベスト、おしゃれな女性のワンピースをそれぞれに着せている。もっともアヴァンギャルドそのものも民衆絵画に注目しているので、こうしたことはすべて関連していると考えられる。

さらに、ユーラが意識して《アオサギとツル》に込めたのは、チェーホフ作品に現れる精神のあり方であると、本人が語っている。そしてプーシキンの「わたしの哀しみは明るい」という気分、ゴーゴリの「この世はなんて退屈なのだ、真実はどこにも見つからない」という気分である。ユーラの文学作品に対する、意識的な、あるいは意識下の深い関わりが、この《アオサギとツル》にも顕著に反映されている。チェーホフ的な、と言われるこの作品だが、おそらくチェーホフもロシアの口承文芸を深く知っていたことだろう。

この作品の絵本はロシア語と日本語訳を並べて掲載し刊行されており（チェーホフ・コレクションを刊行し続ける未知谷より）、若いカップルに人気があると聞く。「アオサギとツル化」を乗り越えて、あるいは避けて、うまくゴールできることを祈らずにはいられない。

《霧の中のハリネズミ》

１９７５年、カラー、スタンダード、10分

ハリネズミは野イチゴの砂糖煮（ワレーニエ）が入った小さな包みを持って、友達のコグマの所へ出かける。ワレーニエをお茶うけに、お茶を飲みながら星を数えるために。ハリネズミの後を密かに追うミミズク。ハリネズミは上を向いて一番星を目にし、下を見て、水たまりに映る星も見つける。古井戸をのぞき込んで「ヤッホー」と叫び、声の反響に耳を澄まし何度か試してみる。「猛禽類のミミズクは、おなかをすかしており、ハリネズミを狙って後をつけているのだ」とユーラが説明する。もちろん、映像から言葉は何一つ聞こえてこない。えっ、そんな残酷な、と内心私は呟くが、ユーラには黙っている。ユーラは続ける。「……

ところがハリネズミの動きに興味を抱き始める。それで、はじめ真似をするが、そのうち空腹を忘れるほど夢中になってしまう。特に古井戸のエコーがすっかり気に入って、ずっと一人でエコー遊びを楽しむ、という想定なのだよ……」

コグマとのひとときを思い出しながら歩くハリネズミは、霧の中に浮かぶ白馬を、ふと目にする。はるかな国の夢か幻のように漂う霧。その中に現れる白馬に、映像を見る私たちも、はっとさせられる。すでに、私たちもハリネズミと一緒にコグマのところへ向かっているのだ。ハリネズミは、白馬が眠るときに霧の中で溺《おぼ》れないかと心配になり、霧は一体どうなっているのかと、試しに霧の中にそっと足を入れ、入って行く。その中は文字通り五里霧中だ。よく見えない中から誰かが近づき、また姿を消す。この非日常なできごとは幼いハリネズミの心理に作用し追いつめていく。だが発見もある。自ら「何だろう？」と疑問を抱いて近づくとき、発見を手にするのだと私たちは感得する。聖なる神殿のような樫の大木との出会いは実に見事だ。私たちも巨大な樹木の樹冠の下で、その広がる枝々を通して暮れなずむ空を見上げる。洞《ほら》に向かってヤッホーと叫んでみる。その微かな反響に、ハリネズミとともに耳を傾ける。

だが、急にハリネズミは包みがないことに気づく。コグマが大好きな野イチゴのワレーニ

赤が印象的に用いられる。

アヴァンギャルドの作品からの影響が感じられる。

パーヴェル・フィローノフ《革命の公式》

マルク・シャガール《結婚》

中世ロシアのイコンなどの絵画を引用している。

全体の美術はゴロジェッツ絵画を参考にした。

やはりゴロジェッツ絵画で発見したというウサギの目。

ロシアの民衆版画に登場するペトルーシカ。

《アオサギとツル》1974年

廃墟という舞台設定。

日本の浮世絵や墨絵に想を得たという雨や叢。

《霧の中のハリネズミ》1975年

ロシア語版絵本で実現した、ノルシュテイン念願のラストシーン。 ©Norstein & Yarbusova

©Norstein & Yarbusova

おぼれかけた子猫の写真から借用した仔オオカミの目。

ノルシュテインの仕事場から

©みやこうせい

ノルシュテインの仕事場から

1984年、ソユーズムリトフィルム時代のノルシュテイン。

©みやこうせい

ヤールブソワはモスクワ郊外の別荘で仕事をする。

©みやこうせい

ノルシュテイン・スタジオの前で。スタッフとともに。 ©みやこうせい

筆者宅にて。高畑勲さんと。 ©みやこうせい

エが入った包み。すっかり慌てて探し回るハリネズミ。もちろん私たちも。そしてゆれる草の葉にとまったホタルの明かりをたよりに森へ入って行く。ああ、まるで神秘に満ちた森の殿堂へ向かうようだ。ここで、メェローヴィチの音楽はまるで聖歌やコラールのように響く。やがて包みはハリネズミの手に……。陽気で善良であるばかりか、匂いでたちまち判断できるイヌが持ってきてくれたのだ。

ハリネズミを呼ぶコグマの声がまた聞こえてくる。友情の木霊《こだま》のように。慌てふためくハリネズミは川に落ちてしまう。その音が耳に残る。横たわって川を流されるハリネズミ。水の中で暴れたら沈んでしまうのに、何とお利口さんのハリネズミだろうか。夜の星空もゆっくり流れていくようだ。私たちも星の夜空に向かい合う。そう、川に横たわって流されるように……。どこの村からだろう、ロシア民謡のメロディも懐かしく流れてくる。

やがて穏やかで分別ある大人のような、誰かわからぬ何者かに助けられ、その背に座って岸辺まで送ってもらうハリネズミ。そして、やっと待ちに待っていたコグマのもとにたどり着く。心配と喜びがこもごも押し寄せるのか、ひどく興奮するコグマ。旅路の果てに呆然とするハリネズミ。でもコグマのひっきりなしのおしゃべりを耳にしているうちに我に返るハリネズミは、友達と一緒にいる幸せをしみじみかみしめる。だがハリネズミは白馬のことも忘れていない。どうしているのかと思いをはせる。霧の中の冒険を経てきたハリネズミは、それ以前のハリネズミとは、いい意味で違っている……。天空一ぱいの星を数えるコグマとハリネズミ……。やがて作品は幕を閉じる。

[実現しなかったエンディング]

ここで、ユーラは打ち明ける。「実は、あの古井戸でミミズクが相変わらずホッホーと音響実験しているシーンで終わらせたかったのだ」。えっ、白馬で終わらせる方がいいと私は思う。ユーラは続ける。「ミミズクは自分の好きなことを見つけたのだよ、これが重要なのだ、生きて行くうえで……」。ああ、そうなのだ、重要なのだ、必要なのだ、誰もが生きて行くうえで……。白馬を想うハリネズミに同化したくなるのは、きっと日本風な情緒なのだろう、ユーラの声を耳にしながら、そう気づかされた……。

この作品は児童文学者セルゲイ・コズロフのお話を出発点にしている。ナレーションは優れた俳優であり、劇映画の監督でもあるアレクセイ・バターロフ。俳優としては《鶴は翔んでゆく》（１９５７、カンヌ映画祭グランプリ）の主役で脚光を浴びた。映画《モスクワは涙を信じない》（１９７９）のゴーシャ役でも知られている。また、幼い頃から、両親の友人、優れた女流詩人アンナ・アフマートワと出会い、大きな影響を受ける。ユーラは今でもバターロフと大変親しくつき合っている。《霧の中のハリネズミ》に関する集いに、バターロフは必ず姿を現す、という。

この作品は、ノルシュテイン作品のなかでもとりわけ映像と音楽が見事な対位法をなしている。プロット（筋立て）、その中で登場するすべてのキャラクターの動き、単純な作りと見える主人公の身振り、行為、内面の状態、背景、すべての色調、それと対位する音楽、台詞、効果音、すべてが完璧に一つの世界に収斂《しゅうれん》され調和している。何も、どこも変更できないと思えるほどゆるぎない。

その完璧さは、観客の心理に不愉快なリアクションを呼び起こさない。これほどの調和は極めて稀なことだろう。しかしユーラは、井戸で、まだ夢中になってヤッホーと叫んでいるミミズクのシルエットで終わらせたかった、これに10秒必要だったが、許可してもらえなかった、と語っている。それを目にしてみなければ何とも言えないが、あまりにも完成度の高い作品なので、私はユーラの、そのアイディアに、深くは入れ込めなかった。

だが最近は、自分の日本流な情緒を、ユーラは当然のことながらはるかに超えていると思えるようになってきた。私は、猛禽類のミミズクがハリネズミを狙っていたという現実めいた、いや自然界の事実に抗っているのだろう。きっと自分はおとぎ話の方が楽なのだ。さらにユーラの特殊を止揚した普遍の願い――たった一回の人生、世界で唯一の存在でもある各々は、必ずや「夢中になる事」、または自分の喜びともなる一種の使命感を自ら発見するべきである――を、最近自分自身でも感じられるようになってきた。そして、痛感するのは、言葉のもっともよい意味で、ノルシュテインが自分に対して際限なく要求高いことである。このことを、この作品についてのユーラの思いの中で、しっかりと思い知らされた。

［はじめての絵本づくり］

この作品に心身ともにとらわれた私は、この物語をいつも自分の手元に置いておきたくなった。およそ物欲の希薄な自分だが、なぜか思いはどんどん具体化していった。「どうだろう、絵本にしては……」と自分に呟く（絵本化をしたのは、この作品がはじめてであった）。絵本作りの世界に、それまでまったく関わったことがないのだが。でも、絵本とは自分自身の涵養や子育てで長年つき合ってきた。

　そこで思い切ってユーラに提案してみた。彼の顔に吃驚《きっきょう》した表情が浮かんだ。すると子どもっぽく光る目がキューピーの目のようになる。「いいけどね、わたしもフランチェスカ（フラーニャ）も映画人だからねえ」とため息をつきながら私を見る。『この人は何を思いつくやら……』といった風情。だが意外なことにフランチェスカは、ほとんどすぐに同意してくれた。でもキューピーさんの両眼は驚きに見開かれたままだ。説得に説得を重ね、ついにアニメ監督は肩をすくめ、笑いながら同意してくれた。

　それから、私のパートナーが福音館書店の方にいきさつを伝えてくれた。すると社内にノルシュテイン作品のファンの方々がいるとのこと。そのうちのお一人、と言ってもベテランの編集長である田村実さんが担当してくださることになった。さすが名だたる出版社、あるいは、さすがノルシュテインの名作と言うべきか、私は、まるで夢をみているようだった。真摯で誠実極まる田村さんとユーラの３、４年にわたった綿密なやり取りは非常に興味深かった。

　まず、アニメーションの台本翻訳を田村さんにお渡しした。フラーニャとユーラが必要なフォーマットとページ数を考慮しつつ、ラフスケッチを描いた。映画で言う絵コンテ。まさに映画の絵コンテだった。アニメーション《霧の中のハリネズミ》は霧が流れるように水平方向の、左から右への動きが多い。そのスケッチも流れるようなものだった。それ自体は、一気呵成《かせい》に描き上げた雰囲気を持ち、粗削りで未完成の、いわば原石の魅力に富む。田村さんからの意見が私の通訳を通してユーラによりさらに練り上げられる。

「最初の見開きページにハリネズミ、それを追うミミズクが描かれています。これを見るとミミズクはとても大きいです。そうすると読者である子どもたちはミミズクを主人公と受け取ります。この点を工夫してほしいです」と田村さん。

すると「ミミズクも主人公のひとりなのだ。霧だって、馬だって……はっきり言って空間が主人公なのだ。少しもおかしくないよ。子どもがそう思うなら、それでいいのだよ」とユーラ。

このような話し合いの結果、完成絵本の見開きのように変更された。ご存知のように、ミミズクの姿は木々を通して見えるだけになった。

しかし、こうしたやり取りからユーラのアニメーション作品の本当の姿が浮かび上がって来た。この作品の主要な源泉はチェーホフの『曠野《こうや》』だという。短編が多いチェーホフ作品の中で中編と言われているもので、１８８８年、彼が28歳のときに初めて純文学の雑誌に発表され、多くの作家や評論家から絶賛された。

司祭のフリストフォル・シリイスキーと商人イワン・イワーヌイチ・クジミチョフと、その甥《おい》、９歳くらいの少年エゴールシカが二頭立ての馬車に乗って出かける。御者のデニースカが栗毛に鞭打って果てしないステップ（曠野）に馬車を走らせる。その長い移動中に何を目にし、誰に会い、何が起こったのか、ステップの様子がどのように変化したかなどが、主にエゴールシカ少年の眼差しを通して語られる。その叙述はすばらしい。ふと、主人公は曠野という空間ではないかと思えてくるときがある。また、所々に見られる細部や詳細は、表面がさらに単純化された《霧の中のハリネズミ》に繋がっていく……。ユーラがチェーホフから何を受け取り、そこからどのように自分の世界を創りあげたかを、文学とアニメーションの狭間から考察するのは大変興味深いことだ。

また新たなスケッチが届く。それに対してさらに厳しい意見が述べられる。絵本のコンセプトが詳細に語られる。

絵本では一気にすべてが見えるわけではない。ページを繰ると別の展開、あるいは発見がある。見開き（2ページにわたって）で絵を見せるときの、見せ方、注意することは何か。そして読者の驚き、喜びをどのように引き出していくのか。クライマックスはどこに、などすべて映画とは異なるアプローチをしなければならない。

「ああ、私たちは、どっぷりと映画人だね」とユーラもフランチェスカもため息をつく。しかし田村さんは「お二人の絵本のコンセプトは気に入ったなあ」と嬉しそうなご様子。さらに田村さんの指導のもとで二人は再び挑戦を重ねた。このようにしてスケッチが何度も行き来した。田村さんが「このセピア色のスケッチで絵本を作りたくなりますね！」と笑ったくらいに。

映画と絵本の違いについて、私の印象はハリネズミが川に落ちるシークエンスに関わる。映画には落ちるシーンはない。ハリネズミが川に落ちたと連想させる水の音が響くだけ。次の瞬間、ハリネズミはもうあおむけになって川に流されている。絵本では、初め文章で表現され、同時に川に流されるシーンが描かれた。「やはり主人公が川に落ちる場面がほしいですね」と田村さんの穏やかな提案を、モスクワで二人に伝え、映画と比較しながらこと細かに説明した。フラーニャは「そうなのね、分かったわ、そうしましょう」と微笑みを浮かべて言う。ユーラはまたもや内心「自分たちは、どっぷり映画人」と思ったことだろう。

このようにして完成した絵本『きりのなかのはりねずみ』を別物と見なす向きもある。確かに絵本として独立している。同名のアニメーションを見知っていなくても、絵本と差し向い、つき合うことができる。読者の手に文字通りゆだねられる絵本には、はてしなく奥深い絵本の魅力がある。

だが両手に納まるだけに、心に入り込むことなく安易に通り過ぎるという危惧も自ずとある。アニメーションのファンタジー豊かな世界は、画面に映し出されるという点で物理的な距離感が生じ、見る者は否応なく作品と対峙する。一方では、すべて（映像、音、台詞）がスクリーンから押し寄せるので、受け身に陥る危険も秘めている。しかし同じテーマで、しかも、それぞれのジャンルで、それぞれのコンセプトで創られたなら、私たちはアニメーションと絵本の間を行ったり来たりできるだろう。そして両者の魅力を知り、感じることになる。これはとても大切なことではないだろうか。

ちなみに、形にできなかったラストの構想だが、ノルシュテインは、２００６年に出たロシア語版絵本『きりのなかのはりねずみ』でついに実現させた。最後のページで、古井戸で夢中になって叫び、じっと耳を澄ますミミズクを描いて、絵本の幕を下ろした。やっぱり、こだわりのお方ですね！

《話の話》

1979年、カラー、スタンダード、29分

あるとき私はユーラに尋ねた。「《話の話》というタイトルは詩篇「歌の歌」からイメージしたのですか?」「それ以前にトルコの詩人ナジム・ヒクメットの同名の詩からいただいた」「えっ、あのヒクメット?」ノルシュテインは「そう、あのヒクメットだよ」と笑った。

私が驚いたのは、昔、父の書斎にヒクメットの『愛の伝説』という本を見つけたことがあったからだ。それから両親や、その友人たちが時々歌っていた「死んだ女の子」という歌の作詞者がやはりヒクメットだったから。「死んだ女の子」は、1945年8月6日のアメリカ軍による原爆投下で命を失った7歳の少女にささげられているが、正確には、少女に託して、すべての犠牲者に捧げられているという。

死んだ女の子　　Мертвая девочка

あけて!　ノックするのはわたし　　Откройте, это я стучу,

どの家の扉もたたくのよ
わたしは見えない
死んだわたしは誰にも見えない

わたしは広島で死んだ
時が来て時が過ぎるのに
7つのわたしは今でも7つ
死んだ子どもは大きくなれない

火がわたしの髪を焼いた
すぐ、目が見えなくなった
ひと握りの砂になったわたし
砂は風に散っていく

お願い、自分のためじゃない……

стучу у каждого крыльца,
невидима для ваших глаз:
нельзя увидеть мертвеца.

Я в Хиросиме умерла.
Года идут, за годом год,
мне было семь и нынче семь —
ребенок мертвый не растет.

Огонь мне волосы спалил,
потом глаза заволокло,
и горстью пепла стала я,
и пепел ветром унесло.

Прошу вас, но не для себя,

パンもお米もいらない
甘いお菓子も食べられない
枯れ葉のように焼かれた子どもだから

не нужен мне ни хлеб, ни рис,
не может даже сахар есть
ребенок, что сгорел, как лист.

お願い、署名してください
世界中の人々にお願い
子どもたちが火に焼かれないように
甘いお菓子も食べられるように

Поставьте подпись, я прошу,
прошу вас, люди всей земли,
чтоб не сжигал огонь детей,
чтоб сахар есть они могли.

幼かった私たちきょうだいは、長いこと、そこに歌われた7歳の女の子、広島の原爆で命を失った、その女の子に自分たちのお菓子を分けてそなえた。もっとも、しばらくすると「あの子はもう食べたからね」と言われてまた手に戻された。

そんなことを思い出しながら私はユーラに、その詩のロシア語がほしいと頼んだ。「暗記しているから今すぐ書こう」と言ってくれた。またあるとき、ユーラが急に拙宅に現れ、自然に小宴会となった。みんなで歌をうたい、馳せ参じた絵本作家のスズキ・コージさんが何か口ずさみながら「万国旗、はてな?」と題する切り絵を素早く見事に作ったり、誰もがうきうきしていた。私はユーラにヒクメットの詩『話の話』を朗読してくださいと頼んだ。「いいよ、それなら一行ごとに訳しなさい」とおおせつかった。

Стоим над водой—
чинара и я.
Отражаемся в тихой воде—
чинара и я.
Блеск воды бьет нам в лица—
чинаре и мне.

水辺に佇《たたず》むチラーナ[35]とわたし
静かな水面に映るチラーナとわたし

35　チラーナはトルコ語でプラタナス、女性名でもある。

水のきらめきが私たちの顔でたわむれる、チラーナとわたしの

Стоим над водой—
кошка, чинара и я.
Отражаемся в тихой воде—
кошка, чинара и я.
Блеск воды бьет нам в лица—
кошке, чинаре и мне.

水辺に佇むネコとチラーナとわたし
静かな水面に映る影、ネコとチラーナとわたしの
水のきらめきが顔にたわむれる、ネコとチラーナとわたしの

Стоим над водой—
солнце, кошка, чинара и я.

Отражаемся в тихой воде—
солнце, кошка, чинара и я.
Блеск воды бьет нам в лица—
солнцу, кошке, чинаре и мне.

水辺に佇む太陽とネコとチラーナとわたし
静かな水面に映る影、太陽とネコとチラーナとわたしの
水のきらめきが顔にたわむれる、太陽とネコとチラーナとわたしの

Стоим над водой—
солнце, кошка, чинара, я и наша судьба.
Отражаемся в тихой воде—
солнце, кошка, чинара, я и наша судьба.
Блеск воды бьет нам в лице—
солнцу, кошке, чинаре, мне и нашей судьбе.

水辺に佇む太陽とネコとチナーラとわたしと、私たちの運命
静かな水面に映る影、太陽とネコとチナーラとわたしと私たちの運命の
水のきらめきが顔にたわむれる、太陽とネコとチラーナとわたしと私たちの運命の

Стоим над водой.
Первой кошка уйдет,
и ее отраженье исчезнет.
Потом уйду я,
и мое отраженье исчезнет.
Потом — чинара,
и ее отраженье исчезнет.
Потом уйдет вода.
Останется солнце.
Потом уйдет и оно.

水辺に佇む私たち、まずネコが立ち去り、その影も消える
それから、わたしが立ち去り、わたしの影も消える
チラーナも立ち去り、その影も消える
その後に水が立ち去る
太陽だけが残る
それから太陽も立ち去る

Стоим над водой —
солнце, кошка, чинара, я и наша судьба.
Вода прохладная,
чинара высокая,
я стихи сочиняю,
кошка дремлет,
солнце греет.

水辺に佇む太陽、ネコ、チナーラ、わたしと、私たちの運命
水はつめたい
チラーナは背が高い
わたしは詩を書く
ネコはうとうとしている
太陽はあたたかい

Слава Богу, живем!
Блеск воды бьет нам в лица—
солнцу, кошке, чинаре, мне и нашей судьбе.

ああ、おかげで、私たちは生きている!
水のきらめきが、私たちの顔をチラチラとうつ、太陽とネコとチラーナとわたしと、
私たちの運命の

ヒクメットがトルコ語（ロシア語訳ムーザ・パーヴロワ）で綴ったこの詩を知ったことで、私はアニメーション《話の話》の入り口にやって来たという気がした。それにこのアニメはまるで詩のようだというのが第一印象でもあった。これから、この詩のような映像をご一緒に散策してみたい。

［子守唄］

大きなリンゴ（クローズアップ・全景）。草の上に落ちているリンゴに雨が降り注ぐ。子守歌が聞こえてくる。おっぱいをのむ赤ちゃん。生命の泉を一生懸命に飲んでいる。それを、オオカミの仔が見つめる。森の中、ヤナギの木、草の上のリンゴ、すべてに雨が降り注ぐ。《話の話》のタイトル。子守唄を口ずさむ声……。古い家のルースショット・全景。光があふれ出るドア。ドアが近づく。そのドアから別の世界へ……。

お母さんの胸――これはユーラ自身がこの世に生命を授かったときに根づいた意識下の記憶かもしれない……。だが、その後、ユーラから聞かされ、彼がもう少し大きくなった3、

4歳頃の記憶でもあることが分かった。

戦線から、母の妹、叔母のヴェーラが戻ってきた。ドイツとの戦争が続く中、戦地で結婚したが、夫は妻が身ごもっていることも知らずに戦死した。大きくなったお腹を抱えて姉の許に身を寄せていたのだ。だが、残念ながら死産だった。

でも生まれてくる子どものために母体は準備し続ける。母体は死産だなんて夢にも思っていないし気づいてもいない。だから母親が日常摂取するものは多くがミルク＝母乳に変容する。胸が張る。飲んでくれる赤ん坊がいないと、精神のみならず、ふくらんだ胸が信じられないほど痛む（筆者も子どもを産んだあと、持病でステロイド入りの点滴を受け、胸が膨らみ痛い思いをした経験がある。赤ん坊に飲ますなと言われ、帰宅して絞り出し、まるで乳牛だと苦笑したことがある……ああ、苦笑で済んだ幸せ、だがヴェーラのことを思い出すと……）。湧き出て溜まった母乳を絞り出さなければならない。そのときの悲痛、空しさは想像するにあまりある。

白々と明けていく部屋の中でヴェーラは、大きなマグカップにお乳を絞り出していた。やはり早く目を覚まして、それを見ていた男の子＝ユーラ。お乳は白い一条の流れとなって茶色のマグカップに注がれる。快く微かな音をたてて……。男の子はこの情景をずっと記憶していた。そして、自分が父親になったとき、お乳を一生懸命飲むわが子と妻に見とれた。その張った胸はミケランジェロの彫刻《夜》やミロのヴィーナスを想わせたのだ。

優れた俳優、カリャーギンが歌うセピア色の旧《ふる》い子守唄が聞こえてくる。とつおいつ歌っている。その声の表情に心が温まる。男性が歌う子守唄もいいものだ……。

ねんねんころり　ねんころり　端っこには寝ないでね
灰色オオカミがやって来るから
オオカミは、わき腹をひっつかむ
そして、森へ引きずって行く
ヤナギの茂みの下に……

Баю-баюшки-баю, не ложися на краю.
Придет серенький волчок,
он ухватит за бочок
и потащит во лесок

под ракитовый кусток.

リンゴ。さかのぼりうる限りの古代からの果物。天国の、あのリンゴか？　森の空き地、草原におちたリンゴ。

木造の古い家が現れる。あれは、ユーラが少年時代に描いた油彩のエチュードから揺曳する。これこそ、ユーラが両親、兄ガーリックと長年暮らしていたマリーナ・ローシャのひしゃげた集合住宅である。その入り口のドアから光があふれてくる。

ドアが私たちに向かって近づくようだ。子守唄の一フレーズが、シンコペーションつきの行進曲のように編曲され微かな響きになる。光を突き抜けると別世界が開かれる。これは「永遠」、「真昼」、「安らぎ」、「明るさ」等一つの言葉で表現できないエピソード。

［平穏への願い］

バッハのプレリュード（平均律クラヴィーア曲集第1巻8番）が歌うように響いてくる。巨匠リヒテルの演奏は何気なく、深々と澄みわたり、心に染み入る。

セピア色のデッサンのような、原初を思わせる風景。牛が縄をまわす。少女が跳ぶ。軽々とした縄跳び遊び。海辺の木陰に置かれたテーブル。ネコと詩人。詩作が思うようにいかないのか苛立っている……。彼はリラを取り出し月桂樹の冠を頭に乗せ、古代ギリシャの詩人のようにガウンをまとい、リラを奏でる。海の波間に大きな魚が泳いでいる。漁師の妻が洗濯している。傍らに乳母車。

ネコが詩人にお説教しているらしい。「君はもっと人々の悲痛や歓喜をペレジヴァーチ、感応すべきだよ、そこから流れて舞う言の葉は……」とでも言っているのだろうか？

少女と牛の縄跳び。おや、ちょっと様子が変わったようだ。「遊んでばかりいないで、子守しなさい！」「いや！」「お姉さんでしょ！」「いやと言ったらいや！ わたし、忙しいの！」「お母さんの言うことを聞きなよ。ぼく、またあとで一緒に遊ぶから……」と牛が言ったのかどうか。でも、牛のそんな素振り。

父親が戻って来た。大きな魚を担いで。古代ギリシャの雰囲気を漂わせる（ユーラ言）、堂々とした一家の養い手。乳母車のなかで泣きわめく赤ちゃんをあやす父親。子守から解放され、嬉しくて、詩人の真似をしてふざける、（ユーラが言うところの）気まぐれ少女。魚とネコの勝負？は、尾鰭《ひれ》でネコを吹っ飛ばした魚の勝ち！ 少女はやんちゃに縄を回し、牛がかわらずゆったりと跳ぶ……。いつか誰もが見た、そして多くが記憶の底に取り残された光景……。哀しいこと、苦しいこと（詩人には産みの苦しみかな？）が何も起こらない真昼のひととき。これこそが永遠に続いてほしい暮らし。これこそ、ユーラが、叔母ヴェーラの生き抜くことができなかった子どもや、第二次世界大戦であらゆる場所で罪もないのに唯一無二の生命を奪われた無辜《むこ》の人々に捧げる、魂鎮《たましず》めの動く詩。水は生命の源泉。魚は人々を養う食べ物の象徴。牛は穏やかな力の印。少女は寄る辺なく気まぐれで、おきゃんな、しかしか弱き存在。赤ん坊は未来！　ネコは詩人をはじめみんなの、ちょっと不思議な友。働く父と母。そして詩人。詩人とは、すべての人々にとって、精神《こころ》の導き手。

［人間が生み出す災い］

そんな安らかさを破るような列車の汽笛、轟音。胸騒ぎがしてくる。二階建ての集合住宅の中庭。そこに並ぶテーブル。白いテーブルクロスが、生き物のように身をよじって飛び上がり、スクリーンの奥に姿を消す。入れ替わりに列車の疾走する音が大きくなり、輸送列車が、テーブルクロスが消えた方角に向かって、スクリーンを斜めに切るように走り抜ける。

住宅、樹木、何も置かれていないテーブル。住民たちが各々持ち出して並べ繋げたテーブル。だから長い宴会テーブルのように生まれ変わる。アパートの住人たちは中庭で、一緒に夕食をとったのだろう。いろいろな料理を持ち寄って。宴会好きな人々。でも、今は空っぽのテーブル。テーブルクロスも消え去った。何かとてつもない不幸なことが起こったにちがいない……。列車はどこへ？　何を載せて？　落ち葉を四方に蹴散らして、どこへ急ぐのか？

アパートの窓という窓が板打ちされていく。出口に近い中庭に新しい車が立ち並ぶ。「ジグリ」と呼ばれる車種……おや、オオカミの仔が姿を見せる。タイヤのホイールに映った姿をのぞき込むオオカミくん。大きく積み上げられた家具が燃え上がる。きっと、何か訳ありで特別に焼き払ったのだ。樹木の下に真っ黒に焼け焦げた土が見える。車のドアがバターンと閉まる音がする。アパートの出入り口で、それを見守るオオカミくん。車が去っていく音。くしゃみするオオカミくん。吃驚して屋根から飛び立つ鳩たち。黄色の葉が散る。あの黒い焦土に黄色い落ち葉がひっきりなしに降ってくる。黒色をだんだん黄葉《こうよう》が埋めていく。もう秋なのだ。アパートの共同台所から、バケツ一杯のポテトが見える。置き去られたミシン。ミシンの踏み台に腰かけ揺らして遊ぶオオカミくん。子守唄のメロディを口ずさんで……。

多分、戦争が誰かによって開始され、人々は安全を求めて疎開したのではないか。そんな話を祖父母や両親から聞いたことがある観客は、そのように想像できるのではないだろうか。あるいは、少しでも体験した人々はすぐに直感し、「ああ、そうだ……」と思い出すかもしれない。日本では義務教育はもとより教科書でも学べない戦は遠いものになってしまった……。

でも一体オオカミくんはどうしたの？　置き去りにされたの？　そう、ユーラに訊いてみよう。「子守唄に登場するオオカミの仔は、実はドモヴォイ＝家の精霊（日本の東北で言う座敷わらし）だ。皆いなくなって取り残された精霊だよ。それは小人のお爺さんの場合もあるけどね……」

そうか、かつては赤ん坊がお乳を飲むのを見ていたね。家で起こることは何でも見ていたのかな、あの大きな目で……。

［仔オオカミの目］

オオカミの仔の目を、どのように描いたらいいのか、ノルシュテインはずっと分からなかった。美術監督のフランチェスカはオオカミの仔の姿を描いたが、両眼は黒くしたままだった。二人は、そこに様々な目をはめこんでみた。しかしノルシュテインは納得できない。目が黒く塗りつぶされたオオカミの仔の絵の下に、フランチェスカは自分をロバにたとえてへたっている絵を添えたほどだ。ノルシュテインはそれを見て哄笑したという。それでも決して妥協はしなかった。

そして、ある時ノルシュテインは何かの用事で友人宅に立ち寄った。その部屋の壁に写真が飾られている。だが何だかひどくしわくちゃだ。フランスの雑誌から切り抜いたようでもある。その写真を見つけたのは、その家の息子だと分かった。だが、彼はどのようにして見つけたのだろうか。あるとき彼は通りを歩いていた。彼の目に、ふと映ったのは道端に捨てられ、クシャクシャに丸められている紙だった。だが単なる紙ではなく、そこから二つの目が彼を見ている。感じやすい彼は急いでそれを拾って広げてみた。それは、首に、小石がついたヒモを結びつけられた、ずぶ濡れの子猫の写真だった。水から引き揚げられ、すぐさま写真に収められた子猫……。文字通り数秒前に子猫は、別世界、つまりあの世に投げ出されたのも同様だったに違いない。ずぶ濡れの両足で座っている子猫の片目は悪魔のような炎を上げて燃え、もう片方の目は、まるであの世にいるかのように生気なく、全く死んでいるも同然だ……。ノルシュテインはすぐさまミハイル・ブルガーコフ（１８９１‐１９４０）の、20世紀を代表するユニークな傑作『巨匠とマルガリータ』に登場するヴォランドの目を思い出した。「この目だ！」と確信した。そうして、この子猫の目を、オオカミくんの目としていただくことになったのだ。人々がいなくなってしまった集合住宅の入り口、そのドアの傍らに立っているオオカミくんの目、ゆりかごを揺らしながら顔を横向きにし、こちらを見ているオオカミくんの目などに。ノルシュテインは語る――私たちは、その目を、より鋭く痛みがあるところに置いた。そこでは演劇の論理は必要とされず、ひとコマの力の場がその両眼に向けられ、その両眼がひとコマの緊張感に満ちると同時に衝動をも表出し、理性的に解釈されることに屈しない一瞬の眼差となるのだ。

［テーブルクロスのイメージ］

飛んで消えた白いテーブルクロスにも、やはりいわれがあった。テーブルクロスはもてなしの象徴ではないか！　ユーラは、このイメージをまた別の詩人から受け取っていたのだ。私はその詩も所望した。ユーラはそのとき使った詩集を、どこか分からぬ所にやってしまっていた。そこで、私は日本でその翻訳を探したが、この詩人のあらゆる邦訳書にも見出すことができなかった。その時期はネットで検索するということも、今ほど普及していなかった。

すると、あるとき、大分使っていなかったファックスが口笛を吹いて動き出した。ユーラから、この詩「みんなのためのテーブルクロス」（ロシア語訳Ｐ・グルシコ）が送られて来たのだ。モスクワの外国文学図書館で探してきたという。

みんなのためのテーブルクロス

テーブルに就くように呼ばれると
胸厚いスズメバチ、暴君たちは
囲い女を急がせる
青ざめた哀れな女たちは
この世の強欲どもの集いに馳せ参じる
それは、滑稽な眺め

固くなった一切れのパンを
広々とした畑で、農夫が食べる

Скатерть для всех

Лишь только позвали к столу,
как сорвались с места тираны
и случайные их кокотки,
и было смешно смотреть
на этих ос пышногрудых,
спешащих в компании бледных,
несчастных общественных тигров…

Черствого хлеба кусок
съел пахарь в открытом поле,

沈む太陽に、ひとり向き合って
穀草は、あたり一面、こがね色
だが、パンはもうない
飢えた目と口とで農夫は
パンを平らげてしまった

青い大気に包まれた昼食時
ゆったりとした時のなかで
肉がバラ色になっていくと
詩人は、竪琴《リラ》をわきに置き
ナイフとフォークを手にし
テーブルにグラスを並べ
漁師たちを招く
皿の中の、浅瀬の海に

в одиночестве, поздним вечером.
Вокруг колосилась пшеница,
но не было больше хлеба,
он ртом голодным смолол его,
глазами голодными съел.

В синюю пору обеда,
в неторопливую пору,
когда румянится мясо,
поэт, оставляя лиру,
нож достанет и вилку,
и ставит на стол стакан,
и рыбаков созывает
к мелкому морю тарелки.

油がたぎるまっただなか
ポテトは反乱し
炭の上で羊はこんがり
玉ねぎは装いをとく

燕尾服で食べるのは窮屈
まるで棺の中で食べるみたい
修道院ではもっとひどい
だって墓石の傍らの昼食！

飢えはくぎ抜きみたい
怒っている蟹《かに》にも似ている

飢えは火のないやけど
飢えは冷たい火事

В кипящем масляном пекле
картофелины негодуют,
барашек на углях — золото,
снимает одежды лук.

Тягостно есть во фраке —
словно ты ешь в гробу,
в монастырях еще хуже —
это обед в могиле.

Голод похож на клещи,
на клешни разъяренных крабов.

Он сжигает, но без огня:
голод — пожар холодный.

さあ、食べていない人、みんな
テーブルにつこうじゃないか
大地のテーブルクロスをかけよう
湖の、塩入れを置こう
大空のもと、パンもたくさん
氷の上、イチゴのやま
月は大きなお皿、
さあ、みんなで囲もう

わたしは今、ひとつだけお願いする
だれにも、公平な食事を！

Так давайте же сядем за стол
со всеми, кто голодает,
и расстелим длинные скатерти,
поставим солонки озер,
и хлебы размером с небо,
и горы клубники со льда,
и лунообразное блюдо,
за которым всем хватит места.

Я сейчас одного лишь прошу:
справедливости завтрака.

チリの詩人パブロ・ネルーダはこの作品で、この世の、そう、全世界の不公平に対して、何と壮大な精神で抗っていることだろうか。生きとし生けるものすべて、特に私たちにとって……そう、人間に欠かすことができない「食べる」ことを通して。
テーブルクロスにこめられた深い意味。マリーナ・ローシャの集合住宅で暮らす人々の、ささやかな楽しみの象徴でもあるテーブルクロスが彼方に飛び、姿を消す恐ろしさ！　戦争は銃弾、爆撃などで人々の生命を奪うだけではない。食物を取り上げてしまう。戦争のない日常でも飢えに追い込まれている人々、残念ながら、やがて追い込まれる人々が、世界中に大勢いる……。戦争は、それを上回って、何の罪もない子どもたち、か弱き存在を「飢え」の脅威にもさらす。そのような状況に対する怒りをこめて、テーブルクロスがスクリーンの画面を引き裂く……。

【《疲れた太陽》】

オオカミの仔が口ずさむ子守唄を背景に冬景色が現れる。暖炉・ペチカで火を焚くおばあさん。ユーラが14、5歳の頃描いた小さな油彩のエチュードから抜け出して動いている。ペチカの火が心身を温めてくれる。オオカミくんもわきで眺めている。ありし日のオオカミくんの思い出、記憶。

ふと、くぐもって古めかしい感じのタンゴが流れてくる。そういえば《タンゴ》と題するアルゼンチン映画が公開されたことがあった。その中で表出されるタンゴ史が蘇る……「タンゴが流行ると、戦争が始まる」、「タンゴ《暗い日曜日》で自殺者が増加した……」ぞっとしながら、スクリーンに目を移す。甘くつやっぽく、しかも哀しい刹那の調べ。

くらい街灯のもと、タンゴに合わせて踊る男女。《疲れた太陽》と題する曲だ。1930～40年代に流行したと言われている。もともとはポーランド、ワルシャワ出身の作曲家イージー・ペテルブルグスキーが1936年に作曲した《最後の日曜日》（作詩は同じポーランドの詩人で作詞家のフリドヴァルド）。ソ連の中央録音スタジオがこれを入手したという。この曲に様々な人がロシア語の詩をつけたが、最も流行ったのがヨシフ・アリヴェック作詩の《疲れた太陽》だった。演奏はツファスマン・ジャズオーケストラ（歌はパーヴェル・ミハイロフ）で1930年代の録音だ。

疲れた太陽
優しく海と別れた
その瞬間、きみは気づいた

Утомленное солнце
Нежно с морем прощалось,
в этот час ты призналась,

愛していないと　что нет любви.
ぼくは、ちょっと哀しくなった　Мне немного взгрустнулось —
憂いも悲痛もなく　без тоски, без печали.
そのとき、きみの言葉が響いた　В этот час прозвучали слова твои.
別れましょう、怒ったりしないわ　Расстаемся, я не злиться,
だって、わたしと、あんたのせいだもの　виноваты в этом ты и я.

家々の上空で踊るかの男女。ロシアの人々はダンスが大好きだ。ホーム・パーティでも、誰かがすぐに踊り出す。しばしば、みんなで踊ることもある。そして野外が大好きだ。かなりの厳寒（マロース）でも必ず散歩に出て外気を吸ったりして楽しむ。「ああ、雪の匂いがしてくる」とか、「落ち葉の香りは多彩だ」などと季節ごとに鼻をくんくんさせて周囲の香りを楽しむ。手を取り合って、腕を組み合って……そこには恋愛関係がない場合もしばしばだ。男女間の身体言語は自然に沿っている。保育園・幼稚園でもしつけられている。民族舞踊の遊びを思わせるダンスやゲームが終わると、男の子は、まず女の子を椅子に座るよう誘い、座るのを見届けて自分が腰かける。だから車両に乗り、座席が全部塞がっていると気づく間もなく、さっと男性が立ち上がり、優しく「どうぞ」と席を指し示す。私が若いころから、そうなのだ。おや、話が逸れてしまった！　ロシアでは冬が長いので、日差しや温かい新鮮な空気を大事にするのだろう。そして真冬の散歩も大好きで、欠かせない。

シャガールの絵画を想わせる幻想のシーン。立ち並ぶ家々の前にテーブルが現れる。白い波のようにたゆたうテーブルクロスの上で、デカンタやグラスが身をよじる。ふと曲がつまずく。レコード・プレイヤーの針がレコード盤の溝からはずれたときの、ちょっと不快なきしみ音。その瞬間、男性パートナーの姿がかき消える。また継続するダンスだが、再び奇妙な音とともに男が消える。というより、消される。そう、消されていく男たち。残された女たちは、男が消えた瞬間の姿のまま身動きしない。残されているペアは踊り続ける。また消される……。残された女たちはみんなじっと立ち尽くす。その間をぬってショットの奥に向かう兵士たちの後ろ姿。タンゴの曲に送られるかのように、兵士たちが出向く、戦線へ、戦場へ。降りしきる雨に濡れ、降り込める雪をかぶりつつ……。街灯だけがオレンジ色の光を投げかける。立ち尽くす女たち。光が夜空に浮上する。逆光を浴びて、女たちの影が大地を垂直に切る。切なく、いまわの際の陶酔を誘うタンゴの曲が無情な列車の音に代わる。黒い影が光の中をよぎり、機関銃の不気味な音が小刻みに破裂する。と、三角形の封書、通知書が空を千々に舞う。それを必死に受け取る女たちに、明かりがあてられる。機関銃の音と不気味に光る大地を黒い影となって横切る女たちの硬直した姿。暗がりから飛び出て空に舞う通知書。戦死の知らせ。メェローヴィチの音楽は急速に密度が濃くなり、悲しみの、苦悩の叫び、呻《うめ》きになっていく。風に震え、飛び、女たちが差し伸べる手に握られ、急ぎ広げられる戦死の知らせ。街灯の光がゆれ、暗がりから表出する文面「英雄的かつ勇敢に」を照らし出す。また現れる文面「外傷によって死亡」が明かりのもとで映し出される。「あなたのご子息」、「あなたのきょうだい」などが家々の上空を飛び交い揺れる。胸をえぐられる光景があちこちで繰り広げられる。

愛する人を奪われた女性たち。街灯のわきを、信じがたい、あまりの理不尽さに、つまずきながら力なく通り過ぎる孤独な婦人。街灯の光の輪から抜けて暗がりに入って行く、その姿。あのタンゴが微かに聞こえてくる。列車の音が、それをかき消す。激しく身もだえして暗闇に消え去るテーブルクロス。輸送列車が強烈な勢いではげしくしなって走り抜ける。黄色の葉が一枚飛び散って、黒い水面に落ちる。水面に静かに浮かぶ黄色い葉。魚が物憂く、ゆるやかに泳いで深みに消える。心に染み入り涙を誘うかの曲が静かに流れる……。

［平和な時代の危うさ］

再びペチカとおばあさん。オオカミの仔。明るい冬景色。雪をかぶった枝々にとまって、じっと動かないカラスたち。リンゴをかじる頬の真っ赤な男の子。リンゴを噛みしめながら、じっとカラスを見上げる。男の子の幻想――枝に腰かけて、二羽のカラスにリンゴを交互につつかせ、自分もかじっている。モーツァルトの曲（ピアノ協奏曲第四番ト長調、第二楽章のフラグメント）が流れる。「冬の日曜日」と名付けられるシークエンス。

ベンチでは男の子のパパとママが正面を向いて座っている。パパはウオッカをラッパ飲み。ママの口が動いている。「あんた、そんなに飲んで、ダメじゃない！」とでも話しているのだろうか。ウオッカを飲み干し、口争い（声音は聞こえないが）の果てに、パパはベンチから立ち上がり、なぜか決然と先へ進む。ママも仕方なさそうに、男の子の手を無理やり引っぱって、パパの後を追う。男の子の幻想は「落下」し、かじりかけのリンゴが真っ白な雪の上に落ちる。パパの頭にナポレオン帽子が現れる。いやいや歩く坊や……。あきらめたのか、坊やも決然と歩き始める。この子の頭にもナポレオン帽が登場する。立ち去る家族三人。雪の上に取り残された、かじりかけのリンゴ。降りしきる雪。割れたウオッカの瓶のかけらが、いくつか雪に突き刺さる。痛ましい光景……。いつか、イルクーツクのロシア正教会で出会ったマリヤ像が浮かんでくる。何本もの短剣がマリヤの胸に刺さっていた。マリヤも、この雪のように穏やかに耐えていた……。平和な時代の危うさが語られている、と私ははっとする。父親のナポレオン帽は何を語りかけているのか？　坊やの頭にもナポレオン帽が……。親の影響を受ける子ども……。雪に放り出されたかじりかけのりんごは、やがてこの世の糧が失われるアレゴリーではないか？　このシーンも私に限りなく様々なことを語りかけてくる。

雪のスクリーンを通して、あたりの色彩・色調が翳《かげ》りを帯びてくる。あのタンゴのメロディが微かに聞こえてくる。ひとり、とぼとぼ歩く、孤独にうちひしがれた老女。ああ、あのときの、残された女性たちのひとり……。タンゴが切なく音色を変えて響く。何という悲しみ！　胸が塞がる……。またもや輸送列車の音、ペチカの前で燃える火に見入るオオカミくん。中庭。燃え上がる家具。出発する車の音。オオカミの仔の想念に立ち現れるのであろう、このアパートの出来事……。

ポテトのシークエンス。焚火を起こすオオカミの仔。ポテトの芽をとって、焚火で焼くつもりなのか。時折、車が猛スピードで道を走り過ぎる。ライトの光に驚くオオカミくん。でも焼きポテトが楽しみなのか、ご機嫌で、自ずとタンゴの曲を口ずさむ。

打ち上げ花火の音。広場から、またアコーディオンの音が聞こえてくる。タンゴ《疲れた太陽》を踊る男女。でもパートナーがいない女性は固まったままだ。華やかに夜空を染める花火、それを背景にして「戦死通知」が風に舞う。ウオッカの注がれたコップ、その横に黒パン一切れ。ブドウの葉を伝わる雫《しずく》が落ちてくる。雨滴か、涙か、水滴が光る。生命を奪われた人々へ捧げられた命の糧、ロシア伝統の、ライ麦で長い時間をかけて焼く黒パン。ああ、彼らへの献杯。戦勝を祝う色あざやかな花火の、はるか彼方の見えない所に悲痛に満ちた様々に異なったドラマが秘められていることだろう……。

焼きポテトが用意できたらしい。おなかを空かしたオオカミの仔。ほかほかのポテトをほおばる。嬉しいのか、あの曲を歌いなぞり、ひとり踊ってしまう。焚火の残り火が赤く光る。消えないように、フウフウ吹く。ついに炭と化しつつある残り火がきらめく。あるときノルシュテインが、アレルギーなどでモスクワ市内では過し難いフランチェスカが住む郊外の家で、薪ストーブの残り火を見せてくれた。「消えそうかと思うと、また光る、無数の残り火……これなのだよ、オオカミの仔の焚火のシーンは」。ユーラはじっと残り火を見つめていた。その両目にチラチラする小さな火が映っている。ああ、まるでユーラ自身がオオカミくんだ！

ロシアの人々は戦中戦後の飢えの時代、ポテトによって救われた。日本でもサツマイモの配給があったと聞く。今でも母の友人はサツマイモが大嫌い。あんなに美味しいのに、とくに焼き芋は！　３月10日の東京大空襲で奇跡的に生き残ったその方は、「あの辛かった日々に繋がるのよ。当時と比べ今のサツマイモは数段と美味しいのに、胸が詰まって、食べられないの……」と涙ぐむ。

［記憶とイメージの往還］

焚火の残照のアップ。光ったり、すう－っと消えたりする小さな火のオーナメント。ユーラは、「この作品には、実際に見て体感した光景があるんだよ。集合住宅から人々が去る前に古い家具を燃やすシーンと、オオカミくんがイモを焼くシーンだ。ほら、この残り火を撮ったのだ。つまりアニメに『火』の実写を入れたのだ」とユーラは語る。

ドアからあふれ流れる光の束。ためらいがちに歩を進めるオオカミくん。だが、直ちに確信を抱いて光の中に入って行く、そのシルエット。ああ、バッハのプレリュードの世界。あの「永遠」のなかで「旅人」のシークエンスが始まる。旅をする青年が通りかかり、縄跳びの中に入る。少女と牛に別れを告げて、先に歩みを続けようとする旅人を呼び止める漁師。ワインの瓶を示しながら彼をテーブルに招き入れる。食卓を囲んで、どんな会話が取り交わされたのだろうか？　旅人の冒険や珍しい見聞にも耳を傾けたのだろうか？　ワインの味は？　もしやグルジアのワインかもしれない。いや昔は自家製だったかも？　スープはきっとロシア名物のウハー（魚のスープ）だろう。詩人は何か刺激を受けただろうか？　ひょっとして旅人の何気ない話が、彼の創作意欲に働きかけたかもしれない。

やがて、みんなに別れを告げて立ち去る旅人。見知らぬ場所に向かって続く道をたどっていく青年。あの道はまるで天に続くように思える……。その動きは水平ではない。そう、旅とは、平らかな動きには収まらないだろう。垂直な画面の動きで果てしないような道が映し出される。「質感が希薄なシーン」とユーラは語る。だが、なぜか分からないが胸に迫ってくるものがある。ここを撮影した時のユーラの思いは、先にあげた『フラーニャと私』の中で語られている。かなりの効果を期待し予測したものの、それを実際に受け取れるとは考えていなかったユーラの喜びが……。人生も果てしない旅のようで、私たちも旅人ではないだろうか……。

ユーラにとって詩人と旅人のイメージはとても大切なものだった。この二人のイメージを求めて彼は心の旅をしたにちがいない。結果として、偶然にも詩人は、ロシアの詩人グミリョフ[36]を思わせる顔、姿、雰囲気になった。

旅人は遠景のみで、顔など、それほど明確ではないが、どうしても人格を与えたかったのでユーラはモデルを探し求めた。そして、たどり着いたのがミハエル・グジメク（ポーランド系ドイツ人の動物映像作家）。彼は24歳の時、アフリカのンゴロンゴロ噴火口で野生動物の研究に携わり、事故死している。彼と、その父親の著作『セレンゲティよ、永久に』は、ユーラが好きな本の一冊となった。彼はミハエルと夜ごと、空想上の対話を続けた……。

旅人が去った後、オオカミの仔は詩人の書斎に姿を現す。また登場する、お乳をのむ赤ちゃん。詩人のテーブル。瓶の中で揺れるロウソクの炎。うたた寝するネコ。真っ白な原稿用紙。赤ちゃんのまぶたが重くなる。夕暮れの海辺。家の中にはいりたくないので、駄々をこねる少女。牛はもう居眠りしている。網を担いで漁の準備をする父親。小舟をこぎ、漁に出向く父親を見送る少女。夜のとばりがもう降りてきた。やっと家に入る少女。海の彼方へ向

36　1886-1921。反ソ連政権の陰謀に関わったとして銃殺された。アクメイズム（詩の具象性や記述性を重視）の代表詩人。1910年に女流詩人アンナ・アフマートワと結婚し、息子ニコライが誕生。

かう小舟。

詩人の机。原稿用紙が強烈な光を発する。綴られたことばが内から発光するのだろうか？　綴りが見えない……それを盗ろうとするオオカミの仔。詩人は口元に謎めいた微笑を浮かべ、原稿用紙を手で押さえる。その手をよけて、素早く用紙をとり、丸めて走り去るオオカミの仔。無数の車が夜の街道を往来する。泣き声が聞こえる。どこからだろうか？　何と、詩人の、丸めた原稿用紙の中に赤ちゃんが！　ヤナギの木の下に置いて行こうとするが、あまりの泣き叫びに驚き、後ろ髪が引かれる思いで戻り、赤ん坊を抱いて、また走る。行きついたところに、ゆりかごが！　急いでそこに寝かせて、例の子守唄を、ちょっと気恥ずかしそうに歌うオオカミくん……。

ぶら下がっているゴボウの葉っぱ。大きな葉っぱ。森の中。雨が降り注ぐ。草の上のリンゴ。リンゴのクローズアップ。雨の雫が、リンゴの表面に沿って、ゆっくり流れる。

冬景色。雪の上に落ちている、いくつもの大きなリンゴ。頬の真っ赤な男の子とカラス。ふと見ると、オオカミの仔が木を見上げる。その木の枝に男の子がカラスと一緒に腰かけている。前線に向かう兵士たちの後ろ姿が一瞬よぎる。音もなく、天から降ってくるように、地に落ちる無数の巨大なリンゴ。聖書で語られる天から降って来る食物マンナのように。ふたたび「永遠」のシークエンス。少女と牛。やがて子守をする少女。牛は独りで縄跳び遊び。海辺のテーブルに向かう詩人。

二階建ての集合住宅が現れる。雪が降る。やがて雨が古い住宅に降り注ぐ。カメラが住宅から太鼓橋にパンする。汽笛の音。煙をもくもくたなびかせ、列車が通る。太鼓橋の下を通り過ぎる。あのタンゴの曲が流れてくる。街灯の明かり。光が次第に弱まり消えてゆく。「完Конец фильма」のタイトル。

「あらゆることとつながるべきだ」

この作品は、見る者によっては、あいまいで不可解とも見えるようだ。日本語で読めるノルシュテインの評伝は二冊あるが、いずれもそのことに触れている。クレア・キッソン『「話の話」の話』（未知谷）、土居伸彰『個人的なハーモニー　ノルシュテインと現代アニメーション論』（フィルムアート社）だ。

キッソンさんのことは、ノルシュテイン・スタジオのスタッフやユーラからいつも聞かされてきた。ご本人にもお会いしている。土居さんは、日本でユーラが講演したり、ワークショップを行う場にいつも姿を見せていて顔なじみだ。キッソンさんはこの本を書くために20年かけたそうだ。土居さんは《話の話》が不可解で、夜中の2時まで眠れないこともあったと書いている。私は二人の研究書に、いい意味であ然とした。この作品が、見る者によっていかに違って見えるか、再認識させられた。

私はこのアニメーションを、まず詩としてとらえ、すぐに想念と記憶が形を与えられたものと納得した。想念や記憶は、必ずしも時系列を伴わない。夢も同様だ。たぶん、私は生後10か月から呼吸器の病を何とか生きながらえ、ことに呼吸困難の後は、点滴を受けながらただ回復を待って横たわっているだけだったので、生活に「時系列」を取り入れることができなかったのだ。横になっている間、私ができたのは、無言の自己対話、記憶の反芻《はんすう》のみだった。それで、ノルシュテイン作品の中で、容易に受け入れることができたのが、第一に《話の話》だった（第二は《25日、最初の日》だった）。

時系列が奔放なこの作品に、皆さんがもし違和感をお持ちになるなら、先に挙げた二冊は助けになると思う……。確かに、記憶や想念は個人的なものである。《話の話》は、ノルシュテイン自身のはるか年少の頃に兆した記憶を底に据えている。しかし、この作品では、それを拡張し、普遍化している。たとえば、「日曜日」の親子三人の散歩。普段家族で散歩をしている人にとって、「父親がウオッカをラッパ飲みしている」ことは異質であろうが、散歩という行為は共有できるかもしれない。さらに、この作品に現れる「戦争のテーマ」は、もし観る人に自国の歴史に寄り添う気持ちがあるなら、共有できると思うのは、私の思い過ごしだろうか。第二次世界大戦は一国だけの問題でも、テーマでもないからだ。ノルシュテインが口を酸っぱくして語り、訴え続けているのは、誰もが「あらゆることとつながるべき」ということだから……。

なお、予定時間を超えるという理由で、準備していたが収録されなかったシークエンスがある。「小鳥の弔い」だ。１９７９年にフランチェスカが描いた同名のエスキース（『フラーニャと私』に所収）がある。子どもたちが共同住宅に続く野原で死んだ小鳥を見つける。皆でこの小鳥を弔う準備をして……という内容だ。これが実現していたら、仔オオカミについての子守唄を耳にする赤ちゃん、つまり「誕生」と、子どもたちが出会う「死」が結びついたであろうと残念でならない。残されているのは、エスキースをもとに私たちが想像をめぐらすことだろうか……。

《外套》

未完、モノクロ、スタンダード

ノルシュテインがゴーゴリ（1809-1852）原作の『外套』（執筆1840年、発表1842年）をアニメーションにしようと考えたのは大分以前のことだ。《話の話》制作が終わりかけの頃、彼はふとデッサン風な絵を描いた。そういえば、彼の妻のフランチェスカも何も作業などをしていないときや、おしゃべりしているときに、まるで無意識のように右手を動かしている。見ると、その辺に置いてある紙に何か描いているのだ。それはもう、いい意味で職業的な癖としか言いようがない行為だ。このような行為の頻度はノルシュテインの方が少ないと見受けられるが。

彼は自分が何気なく描いた絵をみて、『おや、どこかで見たような気がする』と思った。独り寝台に座っている初老に見える男……『ああ、これは12歳の頃に読んだゴーゴリ作『外套』の主人公、アカーキー・アカーキエヴィチではないか』と思い出し、アカーキーのセリフさえ聞こえてきたのだ。「Оставьте меня, зачем вы меня обижаете? わたしをそっとしておいてください。なぜ、あなた方はわたしを侮辱するのですか？」その言葉は異様な響きを秘め、人の心に訴えかけるものがあったとゴーゴリは書いている。

　ノルシュテインは、他でも同じような内容のセリフがあったと思い巡らすと、たちまちその言葉が思い浮かんだ。それはロシアの詩聖と言われるプーシキンの著名な史劇『ボリス・ゴドノフ』（ムソルグスキーがオペラとして作曲し、１８７４年に初演された）に登場する聖愚者ニコールカが発する言葉だった。筆者もかつてボリショイ劇場でこのオペラを鑑賞した折に、「三日月が照らす……」と、哀しげできれいな旋律に心打たれ記憶していたので歌ってみせ、ユーラに大いに喜ばれた。「子どもたちが、ニコールカをいじめる……」

　実は文学史上というか、ゴーゴリの生涯で大きな役割を果たしたのはプーシキンだった。ゴーゴリの有名な戯曲『査察官』（以前は「検察官」と訳されていたが、最近修正された）は彼がゴーゴリにテーマ等を贈ったと伝えられている。初演を当時のロシア皇帝が観劇し、大笑いしたため検閲を逃れたと言い伝えられているが、他の多くの国々で上演が禁止されたほど痛烈な作品だ。

　こうして、『外套』の再読が始まり、この作品をアニメーションにしようと考え、決意するに至った。その頃は親友で撮影監督のジュコフスキーも存命で、ユーラには話し合う相手もいて、きっと興味深い会話が交わされたにちがいない。

「アカーキーは役所での清書の仕事を愛していた。美しい文字を書くことは生きがいだった。だから役所から下宿先に戻ってきて、夕食を済ますと、また机に向かい、自分のために練習するように清書に勤しんだ。つまり、それこそ彼の生きるテーマだった。文字に恋していたのだよ」と語るユーラは、アカーキーが空想する文字と踊るデッサンを見せてくれる。「こっちの文字と踊っているとあっちの文字が嫉妬するので、彼は別の文字とも踊る……」とユーラは笑い、私も思わず笑ってしまい、楽しい気分にもなる。原作を見ると、そのようなアカーキーの気持や気分が数行で表わされている。

自分の職務にそんなにも忠実に生きた人がどこにいるだろうか。熱心に勤めたとか、愛情を持って働いたというだけでは十分ではない。清書という仕事に彼はある種の多様性や快い世界を見出していたのだ。彼の顔にはいつも喜びが浮かんでいた。いくつかの文字は彼の大変なお気に入りで、極めて巧みに書けたときは恍惚《こうこつ》として、ニヤニヤと目配せし、唇の動きまで添えるので、彼のペンが綴るあらゆる文字を読み取ることができると思えるほどだった。

Вряд ли где можно было найти человека, который так жил бы в своей должности. Мало сказать: он служил ревностно, — нет, он служил с любовью. Там в этом переписыванье, ему виделся какой-то свой разнообразный и приятный мир. Наслаждение выражалось на лице его; некоторые буквы у него были фавориты, до которых если он добирался, то был сам не свой: и подсмеивался, и подмигивал, и помогал губами, так что в лице его, казалось, можно было прочесть всякую букву, которую выводило перо его.

上記の原作でアカーキーにお気に入りの文字があると知って、ノルシュテインが語る文字に対するアカーキーの恋が十分想像できた。何と素敵なことだろう。これがアニメーションになることを、デッサンから想像すると思わず顔がほころんでくる。

そしてユーラはさらに続ける。「だけどね、外套を作らなければ冬を越すことが生命にかかわる当時のペテルブルグの状況からすれば当然のことなのだが、『アカーキーの恋』は文字から外套の新調に、つまり新しい外套に移ってしまう。ゴーゴリは、アカーキーが新しい外套について思ってばかりいて、すんでのところで、今まではあり得なかった間違いをしそうになると書いているのだよ。まるでアカーキーの浮気だよね……」
アカーキーは新しい外套を作るために今まで以上にあらゆることを節約して必要な費用をためていく。新しい外套を作ることは直ちに決まったわけではなく、アカーキーの苦労、その逡巡《しゅんじゅん》、仕立屋ペトローヴィチの人物像や、二人のやり取りなどをゴーゴリは詳細に綴っていて、なかなか興味深い。アカーキーは、節約のためにおなかをすかすことにも慣れてくる。

その代わり自分の考えの中で、未来の外套という永遠なるアイデアを抱きつつ、彼は精神的に生きるようになっていた。その頃から、あたかも彼の存在そのものが充実し、まるで結婚でもしたような、あるいは彼と共に誰か他の人が一緒にいるような、まるで独り暮らしではなく、人生において快い女友達が彼と一緒に人生行路を歩むことに同意したかのようであり、その女友達こそが他の誰でもなく、たっぷり綿が入り、摩耗しにくい裏地がついた外套なのだった。彼は何だか生き生きとし、自己に目的を課した決断的な人のごとく性格もより堅固になっていた。彼の顔と行為からためらいと優柔不断な表情が自ずと消えていった——文字通り、あらゆる動揺とあいまいな特徴が消えたのだ。時おり彼の目が火のように燃えていることがあり、最も大胆不敵ともいえる発想がちらついた――襟には、まさに貂の毛皮でもつけようか？　などと。この思いは彼を放心状態にさせた。あるときなど書類を清書していて、危うく間違いをするところだったので、「あっ！」と聞こえるくらいの声で叫び十字を切ったほどだ。

; но зато он питался духовно, нося в мыслях своих вечную идею будущей шинели. С этих пор как будто самое существование его сделалось как-то полнее, как будто бы он женился, как будто какой-то другой человек присутствовал с ним, как будто он был не один, а какая-то приятная подруга жизни согласилась с ним проходить вместе жизненную дорогу, — и подруга эта была не кто другая, как та же шинель на толстой вате, на крепкой подкладке без износу. Он сделался как-то живее, даже тверже характером, как человек, который уже определил и поставил себе цель. С лица и с поступков его исчезло само собою сомнение, нерешительность — словом, все колеблющиеся и неопределенные черты. Огонь порою показывался в глазах его, в голове даже мелькали самые дерзкие и отважные мысли: не положить ли, точно, куницу на воротник? Размышления об этом чуть не навели на него рассеянности. Один раз, переписывая бумагу, он чуть было даже не сделал ошибки, так что почти вслух вскрикнул <ух!> и перекрестился.

よくよく読み込めば、ノルシュテインが考えていることや想像することが浮上してくるので、ますます興味を抱かされる。原作では様々なことが起こりアカーキーの悲劇に収斂していくが、それがやがて収まっていき、ゴーゴリは最終的に登場人物を誰一人非難しないため、ヒューマンな作品と言われてきたのだ。

だが、ノルシュテインはアカーキーの「非」に光を当てようとしている。そこにはこれまでの解釈から大きな進展があり、今を生きる私たちの抜き差しならない問題につながると気づかされる。このことを考え始めると私は落ち着かない。なぜならノルシュテインがアニメーションを完成させるまで、このテーマであれこれ考えさせられるからだ。それは、いずれにしても自分にもつながってくるからだ。

ちょっと飛躍するかもしれないが、『君たちはどう生きるか』（吉野源三郎著）というテーマにも関連してくると思えてくる。ノルシュテインと相互に敬愛している宮崎駿氏が現在取り組んでいる作品には、このタイトルを冠するとのことだ。吉野作品の主人公コペル君は中学生。だが、いかに生きるかという問題に年齢は関係ないだろう。それは、今生きている誰にとっても重要なテーマであり、未来にも繋がっていくのだから……。今を生きている私たちが結果として未来を創るのではないか。どんな未来を？　ノルシュテインがアカーキーの「非」に光を当て、私たちに何を提示するのだろうか？　きっとゴーゴリがこの作品を発表したとき以来の新しい何かが、アニメーションによって提示されるのではないだろうか。

「役所での清書の仕事はアカーキーの生きがいだった。それを新しい外套を新調することに変えた。晩は自室でくつろぎながら文字を書いて楽しんでいたアカーキーは、夜のネフスキー大通りを、つまり繁華街を散歩したり、お客に行ったりしたことがなかった。それが上役の招きに応じて出かけていく。心からというより成り行きで多くの部下たちが面白半分に『外套新調のお祝いをするべきだ』などと言い出し、たんにそれに乗って、常連が集まっただけと言っても過言ではない集いだったのだ。下級役人の貧しいアカーキーが住んでいる場所はペテルブルグの中心地からはるか離れ、寂しく暗い地域だ……」などなどユーラは語るが、作品をどのように締めくくるのかは一度も耳にしていない。そして私も執拗《しつよう》に尋ねることもできない。ロシアでは古くからの言い伝えがある。何か新しく、いいことを話すと、悪魔がそれをひっくり返すという。それをさせないために、何かそのような類のことを話したあとに、話し手は自分の左肩に唾を吐く真似をしたり、音を立てて机を叩いたりする。耳をそばだてる「悪魔」を追い払うために。

でも、私たちは、そんなことをしないで、完成を待ちましょう。それまでに、原作を読んでください。日本でも多くの翻訳がでていますから……。一筋縄ではいかないけれど、興味深い本との出会いを祈っています。

第４章　ノルシュテインと日本

俳句と浮世絵

ノルシュテインと日本との出会いは深い色彩に満ちている。

彼は15歳の頃、すでに松尾芭蕉などの俳句を翻訳で読んでいたという。通っていた美術学校でも日本美術を見る機会があり、特に江戸時代の浮世絵に感銘を受けていた。歌麿、写楽、北斎などを見て、その中に込められている哲学といえるものや、彩色や着色原料などもロシアやヨーロッパと異なることに着眼し、驚かされ、それらが脳裏に刻印されているようだ。

私が初めて彼と出会った１９９３年10月にも、芭蕉の句「海くれて鴨のこえほのかに白し」のロシア語訳を口ずさみ、「芭蕉はまったく凄いよね、音を色彩化しているのだもの」と語り、私はそれを聞いてすっかり恐れ入ってしまった。それ以降、私は彼の言葉に刺激されて言語と音の関係について絶えず考え、ややあって『芭蕉の音風景』（堀切実著、ぺりかん社）を見つけて、ノルシュテインのために露訳したいと切望したものの、いまだに、そのままになっている……。

あるとき（2000年の初め頃）、ユーラはまたもや俳句を口ずさむ。もちろん、ロシア語で……。ユーラは芭蕉の句だという。

Басё:

Я ночевал
в опочивальне князья
и все равно продрог

芭蕉（?）
公家邸宿
いずこも同じ
冷え寒さ

胸中で私は訳してみたが、原句に思い当たらず、まいってしまった。同じことが「一茶の句」でも起こった。何という恥知らずであろうか！　そして未だに原句を見つけ出せず、恥は続いている……いや、あるいはユーラの句かも。いつか、そっと確認してみましょう。

Исса:

一茶（?）

Сижу у жаровни　　　　　　火鉢傍ら
и гляжу как на улице　　　　外見れば公も
под дождичком мокнет князь　雨に濡れ

Один человек　　　　　　　一つ家に
и одна случайна муха　　　　男と蠅が
сидят в гостиной　　　　　　座りけり

最後の句は、暗記していた芭蕉の句「一家に遊女も寝たり萩と月」（奥の細道）の真似をしてみたが……。

さて、自分の恥は後回しにしてふたたびノルシュテインに。

新藤兼人監督

ノルシュテインは、モスクワ映画祭で金賞を獲得した新藤兼人監督の《裸の島》にいたく感動し、これこそ映画言語によって制作された作品だと感銘を受けたという。彼は１９９３年の日本訪問の折に、新藤監督と初めて個人的に会って話を交わした。

新藤監督は、美術監督フランチェスカの仕事にほれ込み、うれしそうにそのことばかりをユーラに語った。彼は冗談めいて「日本で大物フラーニャ・ファンが現れた」と新藤監督の前で大笑いしていた。そして彼に綿々と《裸の島》絶賛を語った。新藤監督は「なーに、予算がさっぱりなくて、ああなったのだよ」と私にささやき、自分の作品のことは避けながら、《霧の中のハリネズミ》のハリネズミと自然や友人クマとの深いかかわりについて、無言で語りかける映像美術の深遠さについて、フランチェスカの仕事の素晴らしさについて、繰り返し彼に語り続けていた。

ソクーロフとの縁

この１９９３年の来日は、まわりまわって、ノルシュテインと、かの有名なロシアの映画監督ソクーロフとを引き合わせることになった。それはこんな次第だ。何かに触れて、おしゃべりな私が「ソクーロフがさっぽろ北方圏映画祭に招かれて２度目の来日を果たし、10

月12日に帰国したばかりなのよ」と言うと、ユーラは「えっ、何ということか！　サーシャ（ソクーロフの名アレクサンドルの愛称）は残ってくれればよかったのに、ああ、会いたかったなあ」と叫んだ。私は内心、それは無理というものよ、と呟いた。

ユーラは話し続ける……。彼の話をまとめてみる。

その年、モスクワの映画会館（ここにはソ連時代から全ソ映画人同盟、ソ連崩壊後はロシア映画人同盟の事務局があり、大きな上映会場もある）でサーシャの新作《静かなる数ページ》（邦題《静かなる一頁》）が試写上映された。ノルシュテインにとってはショックだった。それで誰とも、この作品について話し合いたくないと思い、上映が終わるや否や会場を出た。

「まあ、何がショックだったのですか？」「ヒロコも知っての通り、私はゴロジェッツ絵画をはじめレンブラント等美術作品から学んだ色彩を、常に考えている。つまり、光から色を取り出している。ところがサーシャは、あの作品で闇から光を取り出している。つまり、暗がりから色彩を取り出しているのだ。このことを一人で考えたい、この映画をじっくり反芻したいと思ったのだ……」

私はひそかに、それはまるで谷崎潤一郎の『陰翳礼賛』ではないかと思う（ロシア語に訳された珠玉の名文を、ノルシュテインもソクーロフも熟読していることが後に分かった……）。

ユーラはさらに続ける。その後、アニメーション《外套》に関して調べることがあり、ペテルブルグに出かけた。仕事は意外に早く終わり、『そうだ、サーシャに会おう』とレンフィルム（国営レニングラード映画撮影所の略、現在は国営ではなく名称も変わった）に行った。ところが彼は昼食で不在だった。仕方なく帰ろうとエレベーターの前で待っていると、その扉が開いて、なんとソクーロフその人が現れた。ところが、なぜかソクーロフはユーラに気づいたのか気づかなかったのか、すっと行ってしまった。ユーラは何となく、ソクーロフは意図的に素通りしたという気がして、会うことをあきらめ、モスクワに戻ったという。それ以来、いつか例の映像色彩について話し合いたいと思い焦がれるようになったそうだ。

私は、この件をソクーロフに話して、その内必ず引き合わせるわね、とユーラに約束した。後に、ユーラのことをサーシャに伝えると、「えっ、何てひどい誤解をしたものだ！」と自分の頭をたたくそぶりをする。「何が起こったのですか？」と私。「実は、真っ先に試写会場を出たのがアニメーションのみにとどまらない巨匠ノルシュテインだったのだ。私は、自分の作品が巨匠に気に入られなかったのだと、どんなにがっくりしたことか！」

後年、筆者は仕事でモスクワに来たソクーロフと撮影監督をノルシュテイン・スタジオに同行し、ユーラとの約束を果たした。見学と交流のひと時が過ぎ、スタジオを出て地下鉄の駅に向かいながら、サーシャは「ああ、自分のスタジオがあるなんて、何と羨ましいことか！　ユーラは、とにかく仕事すべきだ、早く《外套》を仕上げて、私たちを喜ばせ、励ましてくれたらなあ」と嘆息した。この頃私は、《外套》が１９８９年に第15回モントリオール映画技術国際コンクールで技術賞を授与されていることや、高畑勲さんの「《外套》は23分撮れているが、私は、もう完成していると思っている」というご発言も知らなかったし、黙って歩いていた。ユーラのスタジオの実情を知っていた私はサーシャに抗いたくなったが、ノルシュテイン・スタジオ《アルテリ》に対するサーシャの羨望もよく理解できた……。

１９９０年代の来日

１９９５年４月ＮＨＫ・ＢＳで、ノルシュテインについてのテレビ番組が制作された。ディレクターがノルシュテイン作品の大ファンで、ことに未完の《外套》を中心に番組が作られた。私はこの件をまったく知らず、ロシア語通訳仲間から電話をいただいた。

「二人の通訳で分担してこの仕事を引き受けたのよ。あなたに知らせるかどうか二人で迷ったのだけど、自分たちもノルシュテインさんの通訳をしてみたいと黙っていることにしたの。

成田に迎えに行くと、開口一番『ヒロコはどこだ?』というので、あなたに知らせ、ディレクターにもあなたのことを話すことにしたのよ……」と。

私は、東京に到着し新宿の京王プラザに投宿したユーラからすでに連絡をもらい、拙宅を訪問したい、ぜひ会いたいと言われており、仕事の進捗状況を見て決めようということになっていた。通訳の仕事には様々な内容があり、担当する通訳もそれに応じて様々なので、ユーラには彼の〝通訳はどうのこうの〟ということは何も言わなかった。間もなくディレクターから連絡をもらい、「通訳はすでに他の方々にお願いしていますので、歓迎会とか打ち上げに、ご招待いたしますのでいらしてください」とのことだった。ユーラの早とちりに、みんなが翻弄されてしまったが、おかげで私はユーラと1993年の初対面以来の再会を果たすことができた。私は通訳仲間やディレクターの方に心から感謝した。

この年も10月17日にユーラは再度来日している(以後ワークショップやその他で、10年くらいにわたって毎年来日した)。「ふゅーじょんぷろだくと」代表の才谷遼氏が作品展示やワークショップのために招いた。エイゼンシュテイン・シネクラブ日本も関わり、山田和夫氏と一緒に京都教育文化センターで講演し、神戸映画祭にも参加した。高畑勲さんとは対談を行った。

「オオモノ、フランチェスカ・ファン」の新藤兼人監督の作品《午後の遺言状》も東京で鑑賞し、感銘を受けていた。

10月25日には初めてスタジオ・ジブリを訪問した。高畑勲さんとはモスクワでも会い、すでに懇意にしていたが宮崎駿さんは初対面で、はしゃいだ様子。ノルシュテインもはしゃいで、実に幸せそうだった。

10年間にわたり日本滞在中に録画されたテープは6時間になるそうだ。ノルシュテイン自身は各大学等での講演や出演、番組出演、招聘元が企画したインタビューなどを含め日本での彼の音声を記録したテープは７００時間にのぼると述べている。

ワークショップ

「ふゅーじょんぷろだくと」のワークショップで印象深かったことが2点ある。

一つは、ノルシュテインが切り絵アニメーション《外套》について語り始めたときだ。私は通訳しながら、ふと美大生など学生がほとんどの参加者に目をやった。彼らが何か奇妙な表情をしていた。『講師のユーラは難しいことを言っていないのに……』と思いつつ、はっと気づいて、「外套」という言葉に説明を加えた――冬になるとマイナスになるペテルブルグでは外套・オーバーコートが欠かせません、凍死する可能性もあるのですよ。参加者が、ふっとため息をついたように感じられた。休み時間になると、私は参加者の何人かに囲まれた。「ガイトウって何だろう、通りのランプのこと、街灯のことかなと思ったら、オーバーコートだったのですね、ありがとうございます!」と口々にお礼を言われた。

ああ、ゴーゴリ作品も読まれていない、と内心私はがっくりした……が、言葉・事物の名称にも「時代」がついてまわると実感させられた一件でもあった。

２００５年には10日間のワークショップが開催された。この時の参加者だった繁村周さんは、最近になって次のように私に話してくれた。

「大学4年生、卒業制作の最も忙しい時期にワークショップを知らせるチラシと出会い、参加したのです。一日一日に新しい発見があり、朝起きるのが楽しみで、早く朝になることを夢見て就寝する、大変得難い日々でした。その後大学の日本美術部を卒業し、表具屋で丁稚奉公し、掛け軸作りの職人となり11年間働き、無形文化財修理、地域文化創生〝足利灯り物語〟に参加しています。その間もアニメーション制作を続けていました。修行を終えて、ようやく本格的にアニメーション作品に取り組めるようになりました。今は大学で教鞭をとり、かつての自分のような若者たちと日々会っています。でもあの頃よりも若者たちは、もっと孤立しているように思えます。ノルシュテインさんが繰り返し伝えてくださったペレジヴァーニエ（переживание：何度も生きる、つまり身体的のみならず、精神、心的にも経験、体験すること）の感覚、他者の痛みも自分のものにすることこそ、これからの若い方々に必要不可欠なことと思います」

繁村さんとお話ししているうちに、私は当時をまざまざと思い出した。

声が出なくなったユーラ（私も）は、一日休講し、宿題を出して才谷さんにお任せすることになった。その宿題が、通訳の私にも興味深かった。葛飾北斎作の版画『富嶽三十六景』より「御厩河岸より両国橋夕陽見」の一部を見せて絵コンテを作るという課題である。この版画の光景を「割って、繋げ、動きを出す」ことだとは言葉上、分かった。船べりに座って居眠りする乗客が、ふと体をゆすって舟から落ちそうになる、とか、月を眺めている船頭さんが、月に見惚れるあまり、うっかり櫓《ろ》が手から滑りそうになる等の単純なことを想った。

翌々日、声も出るようになって講義が始まり、参加者が順番に発表し始めた。私はその中で、その版画には登場しない小道具である数々のゴム風船を舟上から空に向けて飛ばす、という絵コンテに驚き、通訳しながら内心で、江戸時代にゴム風船があったかな？などと余計なことを考えていた。また、この版画の左端、つまり川岸では婦人が洗濯をしている姿が描かれているのだが、繁村さんの記憶によると、一人の女性参加者が、「女が洗濯物をゆすいでいるうちに川に流してしまう。動きはじめた舟の船頭さんの櫓に洗濯物がひっかかる……」という絵コンテを発表すると、ノルシュテインは「それはありうる」と賛同したそうだ。風船に関して、ユーラが何を言ったのかは、読者の皆様方の想像にお任せしたい……素材の事実、動きが起こりうる信憑性《しんぴょう》などが重要かもしれない……。

話がそれたが才谷さんは、講師料をはずんでいた。彼としてはひそやかに《外套》制作を支援していたのだと思う。周囲では、講師料が高額では他で招聘できなくなるという不満も耳に入ったが、ユーラは大変感謝していた。ソ連時代は物価も安く、専門職であることが明確に承認されていれば誰もが最低賃金120ルーブルをもらえたので、生活に特別困ることはなかったが、ソ連崩壊後、旧制度が廃止され、スタッフの賃金、やがてスタジオの家賃も払わなければならなくなり、ノルシュテイン・スタジオの維持費用が莫大になったので助かると言っていた。

来日のたびに才谷さんはラピュタ阿佐ヶ谷で盛大な歓迎会を催し、日本のアニメーション仲間が集い、いつも片山雅博[37]さんが司会を楽しく務めてくださった。片山さんは体格がいい方で、苗字のいわれをユーラに聞かれて伝えると、「全山と改名すべきだよ」と大笑いしていた。ノルシュテイン・スタジオの事務担当、ユーラの弟子で秘書でもあり、漫画が特別に優れたターニャ（『ノルシュテインの優雅な生活』ふゅーじょんぷろだくと）のお婿さんにどうかなどというお勧めや期待（冗談かもしれない）があったようだ。あちらで片山雅博さんは笑ってらっしゃるかもしれない……。

連作アニメーション《冬の日》

話は変わって、日本の人形アニメーションの重鎮川本喜八郎さんも、高畑勲さんと一緒にモスクワでユーラと初対面し（その折にご自分が撮ったユーラの写真を、私は川本さんからいただいている）、ユーラが来日するたびに、他の日本のアニメーション監督や関係者と共に集い歓談していた。

37　1955-2011。漫画家、アニメーション、ドキュメンタリー監督、多摩美術大学教授。

ユーラは川本さんを「チロー」と呼んで、いつも再会を互いに喜んでいた。あるとき川本さんが、『俳諧七部集』（尾張の芭蕉の弟子たちが催した歌仙5巻と追加6句から成る。『芭蕉七部集』とも）の中の第一歌仙「冬の日」を一句ずつ別々のアニメーションの監督（国内外35名が参加）に担当してもらい、アニメーション《冬の日》を作りたいと語られた。しかも「発句『狂句木枯らしの身は竹斎に似たる哉』はノルシュテインさんしかない……」と断言された。「脇」と最後の「挙句」を川本さん。芭蕉好きのユーラが身を乗り出すばかりにして「それは面白そうだ、大変だろうけどね……」とすぐに賛成したのもうなずけることだった。

それからが大変だった。ユーラは自分の芭蕉を創るために、芭蕉のあらゆる肖像画を送ってほしい、と私に頼んだ。ノルシュテイン・スタジオは、というよりノルシュテインはいまだにパソコンを使用しないので、ファックスで芭蕉の肖像画コピーを送った。「竹斎も」と電話で催促するので「竹斎は架空の人物ですよ、作者不明の……」と伝えると、「それはいい！」となぜか声をたてて笑っている。すでに岩波文庫で復刻された守随憲治校訂の『竹斎』などを読んでいたが、その挿絵について、私は黙っていた。

しばらくするとユーラから、ファックスでいろいろな質問――芭蕉の旅装束はいかに？袷のひもの結び方は？等々、とともに「竹斎のモデルが決まったよ」とあった。ユーラが大好きな、アニメーションの日本の仲間のお一人だった。明らかにすることを、きっとご本人も許してくださることだろう。その方は映像作家で多摩美術大学教授の野村辰寿さん。雑誌『コミック・ボックス』のノルシュテイン特集（１９９９年）に掲載されている野村さんの名文を引用させていただく。

「魂の師匠、ノルシュテイン：言葉では決して語りつくせない、圧倒的で絶対的な作品群。いつ見ても失せることのない光を放ち続け、見た人の心を、物を創る人の道をはるか彼方まで照らし続ける。時には猛々しく、時には限りないやさしさで。初めて見てから15年たつが、アニメーションの表現にたずさわるようになった自分にとっては魂の師匠であり、「アニメーション」という表現の翼を与えてくれた神様です。とにかく、もっと、もっとたくさんの人に知ってもらいたい」

ユーラとの山のようなファックスのやり取りを残して、２００３年に偉大な共同制作《冬の日》が完成した。この作品については『フラーニャと私』への「私注」として、ご自身も参加された高畑勲氏が中身の濃い名文を綴っておられる。

そして、この作品のナレーションを務めたお一人である女優の岸田今日子さんは、後に、ノルシュテインが最も好きな作家プーシキンの2作品の絵本『金の魚』、『金の鶏』（未知谷）

で日本語版の朗読もなさっている。原文ロシア語はノルシュテインが朗読している。今日子さんは映画《砂の女》で世界に知られる名女優でもある。2003年に今日子さんは、スズキ・コージさんに勧められ、ルーマニアをみやこうせいの案内で旅した。そして「ロシアに行って白夜を眺めたい。ジブリでお会いしたノルシュテインさんにもお会いしたいわ」とおっしゃり、2005年、白夜の季節にペテルブルグとモスクワへ同行させていただいた。

ペテルブルグではソクーロフ監督宅にお邪魔し、監督と今日子さんはすっかり意気投合し、将来「三島由紀夫の戯曲集『近代能楽集』を映像化し、今日子さんも出演する」という話まで し合っていた。モスクワのノルシュテイン・スタジオでは、ユーラのお兄さんガーリックも顔を出し、にぎやかな宴会となった。今日子さんは雑誌『オール讀物』(2005年11月号)で、その旅行記を綴っておられる。夢を果たせず今日子さんは旅立たれたが……。

川本喜八郎監督は、アニメーション《死者の書》を完成させた翌2006年に雑誌『暮しの手帖20』(2006年2、3月号)で『共感するということ』と題してノルシュテインと対談している。川本さんは《死者の書》制作にあたり多摩美術大学と共同作業をし、授業も行った。その折の若い人々との交流について、一方ユーラは2005年に開催したご本人の「10日間ワークショップ」に参加した若い人々について語っている。ユーラは「ものを作るというのは、生きていく力があふれていなくてはいけない。心が閉ざされていてはいけない。彼らはあまり本を読んでいないし、考えてもいない。だから繊細な共感が描けていないのです」と手厳しい、いや、心から心配している。そして続ける「10日目に突然、こんな課題を出したのです。『この10日間の印象を、小さな絵にしなさい』。そうしたら4分の3は、なかなかいいんです……」。川本さんが「変わったんですね」とおっしゃると「ええ、良い方に変わってくれまして……」と。この対談は、ぜひお若い皆さんにお読みいただくようお勧めしたい。

2000年代の展覧会、講演

2003年には三鷹の森ジブリ美術館でノルシュテイン展「ノルシュテインとヤールブソワの仕事」が開催された。ユーラは同年7月に、ジブリとの打ち合わせや別件で来日した。開催月の11月は、早めに来日し準備にいそしんだ。

11月18日、美術展は翌19日にオープニングを迎えるというのに、アニメーション《外套》に登場する「ネフスキー大通り」と題するインスタレーションがなかなかできあがらない。

100個の豆電球を点灯させるのだが、それもうまくいかない。晩には、吉祥寺のグルジア風レストラン「クウクウ」で一緒に夕食をとるので、皆が待っている。ジブリの担当者、三好寛さんの顔に不安そうな表情が現れる。時計は21時を回っている。この間何もしていないと認識している通訳は『慌ててはいけない、落ち着け、余計なことは言うな』と自分に言い聞かせる。やがて100個の豆電球に照らされ輝くネフスキー大通りが浮上した。「終わった！」とユーラが叫び、三好さんの固く緊張した顔がほころんだ。「さあ、すぐ『クウクウ』に行ってください！　何度か電話がありましたよ」と笑顔でおっしゃる。ユーラと私は急いで吉祥寺に向かった。

「クウクウ」では、壁に映画《ピロスマニ》(グルジア映画、シェンゲラーヤ監督）の一場面、カフェのテーブルに向かっている画家ピロスマニが飾られており、孤独な様子の彼がちらっとこちらを見たような錯覚を起こした。「ピロスマニがユーラを見たわよ」というとユーラは「ジブリ展準備完了を祝ってくれたのさ！」と満面の笑みを浮かべた。「そうね、宮崎駿さんも準備見学にいらして『おお、芸術やっていますね！』とおっしゃったわね」と言うと、ユーラは「まあね！」大笑いして、みんなと乾杯の杯を上げた。

この年の11月には《冬の日》関連で、川本喜八郎氏をはじめ共同制作の仲間たちと芭蕉の生地である伊賀上野を訪れている。芭蕉の気配が漂うかのこの地でも多くの発見を得たようだ。このようなことがすべて作品にしっとりと反映されていると思う。ユーラは「日本から助けられている」と感謝していた。

展覧会は、当時渋谷のパルコ内にあり、優雅なたたずまいの野辺田洋子さんが責任者をされていた「ロゴス・ギャラリー」でも何度か行われた。２００３年11月を皮切りに絵本『きつねとうさぎ』（福音館書店）の刊行記念、《霧の中のハリネズミ》や《話の話》特集などが開催された。

２００６年にもちひろ美術館で絵本『きつねとうさぎ』の原画展と、みやこうせいの「ノルシュテイン」写真展が開催され、ユーラは見学に来た日本の子どもたちに語りかけ、対話し、和やかなひと時を送った。その期間中に同美術館でノルシュテインは高畑勲さんと対談した。その中で、自身の作品の特質について、ミケランジェロの未完の作品《ロンダニーニのピエタ》やバルザックの小説『知られざる傑作』を引用しつつ語っている。さらに、若い世代への忠告として、自然に授かった能力や才能をいかに磨くかについて語った――ひたすら、あらゆることを観察し、それを記憶し、必要なことをフィックスする訓練、絶えず高みを目指して成長すること、人生は旅で、出発するが終わらせてはいけないこと、絶えず諸々のことを人生の一部にすべきであること。

客席には同館の役員をされていた山田洋次監督も出席されていた。対談が終わると山田監督は「素晴らしい対談を、ここだけで、この参加者だけで聞くのはもったいない、多くの方々に聞いていただきたい……」とノルシュテインに語られた。今に至るまで愛されているシリーズ《寅さん》を私はソ連時代モスクワの映画館で（日本の俳優たちそっくりの声でロシア語吹替えされていた）見たことがあり、ユーラも《寅さんДурачок Тора》をよく知っていたので、山田監督との思いがけない出会いに大喜びしていた。

いわさきちひろさんといえば、ユーラは彼女の作品の大ファンだった。最初の出会いは、黒柳徹子さんから『窓ぎわのトットちゃん』を贈られた時だという。私はこのことを知らずに、モスクワに行く折に「ちひろカレンダー」をお土産に持って行った。いわさきちひろという名を耳にしてユーラは嬉しそうな顔で言ったものだ。「『トットちゃん』の表紙で初めて、ちひろさんの絵の凄さを知ったのだよ」。そうなのだ、表紙の絵だけで凄さが分かってしまうのだと、私はすっかり驚嘆してしまった。

さらに武蔵野美術大学でも、ノルシュテインの講演・ワークショップと《外套》（ジブリのお三方が共同購入された大きなエスキースや初期の絵コンテなども展示）をテーマにした展覧会が行われた。この年のこのような行事はすべて、２００６年に開始され現在に至るまで続くロシア文化フェスティバルの主催協力で開催された。

２０１０年にも同フェスティバルや各美術館によって「展覧会《話の話》Tale of Tales：ロシア・アニメーションの巨匠ノルシュテイン&ヤールブソワ」と題して大きな展覧会が開かれた。神奈川県立近代美術館、高知県立美術館、三菱地所アルティアム・福岡、栃木県・足利市立美術館で開催され、カタログも刊行された。

２０１３年には才谷さんがワークショップなどでノルシュテインを招き、その期間にＮＨＫディレクターの馬場朝子さんがノルシュテインについて記録映像を制作した。

２０１４年には岐阜県で開催されている「第7回円空賞」の映像部門を受賞した。その講演会では、川本喜八郎の人形美術館などを護っていた長野県飯田市から遠山広基さん、東京からも福音館書店の多賀谷太郎編集長、各地の知人友人が駆けつけてくれた。余談だが、そのために来日したノルシュテインは、折しも成田空港でテレビ番組《Ｙｏｕは何しに日本へ？》のスタッフに取り囲まれた。「円空賞を受けたので、これから岐阜に向かう」と聞いて、ＴＶスタッフは喜んだ。というわけで、円空賞の宣伝？をさせていただき、当時の担当学芸員、現在は陶芸家である尾関隆一さんを喜ばせた。

ノルシュテイン作品はすべて35ミリのフィルム映像で制作されているが、フィルムは歳月とともに劣化していく。２０１６年にそれらのデジタル修復がＩＭＡＧＩＣＡ ＴＶで企画され（プロデューサー 小谷牧、ディレクター 山下泰司）、完了後、全国の劇場で上映された。その関連もあってノルシュテインは同年10月から11月にかけて日本に招待された。

そのプロジェクトの作業関連が終了すると高畑勲さんと京都に向かった。京都では同志社大学の講堂で講演会が行われた。大学の近くで若冲展が開催されており、高畑さんのご案内で鑑賞した。その後に若冲が育ったかつての青物市場なども散歩した。鳥獣戯画や12世紀の絵巻などに詳しい高畑さんはとっておきの様々な所を案内してくださった。ノルシュテインは夢中になって鑑賞し感服、感嘆していた。

東京では関係者はもとより多くの友人が待っていた。阿佐ヶ谷にある才谷監督行きつけの「だいこん屋」のマスターはもと捕鯨に従事した美丈夫、ギターでフラメンコを歌うのが得意で、ノルシュテインは彼の演奏と歌に「素晴らしい」とほれ込んでいた。才谷さんがそこでアニメーションの仲間たちとの再会、飲み会を催してくれた。

横浜馬車道にある東京芸大アニメーション専攻の教授で、やはりアニメーション仲間のお一人、山村浩二さんとは、10月29日、馬車道で対談を行った。そこに高畑さんも姿をみせた。その前にユーラは何か一生懸命に描いていた。高畑さんの誕生祝いのプレゼントだった。それを手渡し、二人の巨匠が笑顔で向かい合い語り合う姿は忘れられない光景となった。この秋の再会とその後の京都旅行が、お二人の、最後のめぐりあいとなった……。

《ユーリー・ノルシュテイン《外套》をつくる》

２０１６年6月、才谷遼監督が長らく制作途上の《外套》についてノルシュテインを取材した。同年10月と２０１７年2月には、ＷＯＷＯＷの記録番組《ユーリー・ノルシュテインの、話の話。～アニメーションの神様 終わらない挑戦》で、高橋泰一監督と、テレビ番組《世界の車窓から》で知られる辻智彦撮影監督が、同じくノルシュテインを取材した。ＷＯＷＯＷの番組は２０１８年に放映され、同年のＡＴＰ賞優秀賞に選ばれた。お祝いを言うと、中村哲医師についても映像化している高橋監督は「ノルシュテインはフォトジェニックだし……。そう、ノルシュテインという対象が抜群だったのですよ」と照れていた。

才谷遼監督の作品は２０１９年に完成し、イメージ・フォーラムをはじめ日本各地の映画館で上映された。新潟市の個性あふれる市民映画館「シネ・ウインド」で２０１９年12月に上映された際、ノルシュテインと才谷監督のスカイプ対話を流した。終了後、多くの方々が、「よくわかりました」とか「泣けてきました」などと、通訳で参加した私にもお声をかけてくださった。

この映像は国際ドキュメンタリー映画祭にも出品されていると聞く。ロシアを含めて海外の人々が、この記録映画をどのように受け止めるのだろうか？　どのような評価がされるのだろうか？　大変楽しみだ。

そして２０２０年には、ノルシュテインと日本の交流、友情の証がさらに輝くことを願いつつ、新たな出会いの実現を期待したい。

参考文献

レフ・シーロフ『モスクワは本のゆりかご』（児島宏子訳）群像社、２００５年。

『高畑勲展　日本のアニメーションに遺したもの』（展覧会図録）ＮＨＫプロモーション、東京国立近代美術館、２０１９年。

ユーリー・ノルシュテイン『フラーニャと私』（児島宏子訳）徳間書店、２００３年。

ユーリー・ノルシュテイン『ユーリー・ノルシュテインの仕事』（児島宏子訳）ふゅーじょんぷろだくと、２００３年。

ヴィーリ・ミリマノフ『ロシア・アヴァンギャルドと20世紀の美的革命』（桑野隆訳）未来社、２００１年。

[著者]
児島宏子（こじま・ひろこ）
東京生まれ。ロシア語通訳・翻訳者、エッセイスト。訳書に『大学生』『少年たち』『たわむれ』（A.チェーホフ、未知谷）、『ドルチェ・優しく』（A.ソクーロフ、岩波書店）、『チェーホフは蘇える』（A.ソクーロフ、書肆山田）、『チェブラーシュカ ワニのゲーナとおともだち』（E.ウスペンスキー、平凡社）、『きつねとうさぎ』（日本絵本賞受賞）『きりのなかのはりねずみ』（福音館書店）、『モスクワは本のゆりかご』（L.シーロフ、群像社）、『フラーニャと私』（徳間書店）、『ユーリー・ノルシュテインの仕事』（ふゅーじょんぷろだくと）他。エッセイに『チェーホフさん、ごめんなさい』（未知谷）。同書はロシアでも出版。

アニメの詩人 ノルシュテイン

著　　者　　児島宏子

2020年5月1日　初版第1刷発行

発 行 人　　揖斐 憲
発　　行　　東洋書店新社
〒150-0043 東京都渋谷区道玄坂1-22-7 道玄坂ピアビル5階
電話 03-6416-0170　FAX 03-3461-7141

発　　売　　垣内出版株式会社
〒158-0098 東京都世田谷区上用賀6-16-17
電話 03-3428-7623　FAX 03-3428-7625

装　　丁　　伊藤拓希
印刷・製本　中央精版印刷株式会社

落丁・乱丁本の際はお取り替えいたします。定価はカバーに表示してあります。

ISBN978-4-7734-2037-1

「ユーリー・ノルシュテイン作品集」Blu-ray & DVD 発売中

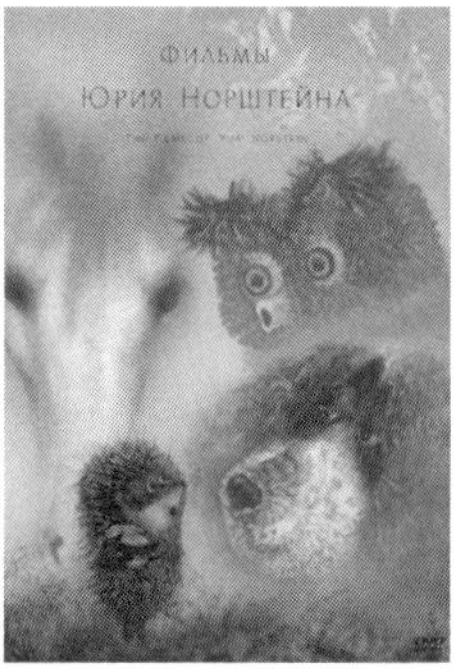

発売元:WOWOWプラス　販売元:KADOKAWA
※発売情報は本書発行時点のものです。